राजनीतिक स्थिरता

राजनीतिक स्थिरता

सुरेश कुमार

WhiteFalcon Publishing

www.whitefalconpublishing.com

राजनीतिक स्थिरता
सुरेश कुमार

www.whitefalconpublishing.com

इस संसार में जीवन का हर रूप बंधन में बंधा है। बंधन ही जीवन है अर्थात् बंधन का अनुभव ही जीवन है। जीवन के हर रूप पर प्रकृति का बंधन है और हर प्राणी व जीवन रूप इस बंधन में बंधकर जीवन जीता है। ये बंधन जीवन को आंतरिक व बाहरी सहयोग व संघर्ष में डालते हैं। प्राणी के जीवन का आंतरिक व बाहरी सहयोग व संघर्ष जीवन की सीमा है। प्रकृति हमें जैसा बनाती है हम उसी के अनुरूप जीवन जीते हैं। जीवन का हर रूप प्रकृति का ही विस्तार है जिसने जीवन को हर जगह भूमि पर, जल में, हवा में रखा है। प्रकृति जीवन को स्वाभाविक रूप से उत्पन्न करती है। जीवन का गुण, रूप, भाव, भावना, इच्छा, ज्ञान, बुद्धि सब प्रकृति का हिस्सा है इसलिए हम शरीर को प्रकृति से अलग करके नहीं देख सकते हैं। शरीर इस तरह प्रकृति का हिस्सा है जैसे शरीर ही प्रकृति है। जीवन का किसी भी स्तर पर सहयोग व संघर्ष चाहे वह आंतरिक हो चाहे बाहरी प्राकृतिक है। प्राणी अपने जीवन रूप (पहचान) के साथ बंधकर अपने जीवन को बचाने के लिए सहयोग व संघर्ष करता है और इस प्रकृति में अपने जीवन के लिए आवश्यक परिस्थितियां पैदा करता है। शरीर अपने में जरूरतें पैदा करता है और ये आवश्यकताएं उसे सहयोग व संघर्ष में डालती हैं। जीवन अपने आप तय कर लेता है कहां पर सहयोग करना है कहां पर संघर्ष करना है और सहयोग व संघर्ष की सीमा क्या होगी। वास्तव में सहयोग भी संघर्ष है और संघर्ष भी सहयोग है जीवन का हर रूप प्रकृति की स्वाभाविक प्रवृत्ति में बंधा है।

जीवन का हर रूप प्रकृति के किसी वातावरण में विकसित होता है और वह वातावरण या परिस्थिति उस जीवन रूप का घर होता है और उस वातावरण का बने रहना जीवन की सुरक्षा है। वह वातावरण शरीर की बनावट, गुण विशेषताएं, भाव, इच्छाएं, सहयोग व संघर्ष उत्पन्न करता है। वातावरण जीवन की स्थिरता है। जीवन जिस तरह अपने वातावरण से निकलकर दूसरे वातावरण में जाता है उसके जीवन में परिवर्तन आता है। वह अपने को उस वातावरण में ढालता है। उसका जीवन एक स्तर से लेकर पूर्ण तौर पर नष्ट हो सकता है। जीवन जिस वातावरण में रहता है वह जीवन की सीमा है और इस जीवन की सीमा जीव की भी सीमा है। जीवन अपने जीवन को समूह के रूप में भी और जीव के रूप में भी बांधता है जैसे मनुष्य अपने जीवन को समाज, समूह के रूप में भी बांधता है और मनुष्य के रूप में भी।

जीवन पर शरीर के रूप में बंधन

शरीर पर जीवन का प्रथम बंधन यह है कि शरीर किसी समूह की पहचान है और समूह प्रकृति का एक वातावरण है। अर्थात शरीर प्रकृति का दिया हुआ है और समूह ही जीवन की सीमाएं तैयार करता है। शरीर समूह की पहचान बताता है। प्रथम तौर पर हम जीवन को शरीर पर अनुभव करते हैं। इस प्रकार शरीर ही जीवन है शरीर का समूह में आंतरिक बंधन है जैसे जन्म-मृत्यु आयु-बालक, युवा-वृद्ध। प्रकृति-स्त्री-पुरुष शक्ति-शक्तिशाली-कमजोर।

प्रकृति आपके शरीर में गुण उत्पन्न करती है आपके गुण, क्षमता आपको कर्म करने के लिए प्रेरित करते हैं। शुद्र, वैश्य, क्षत्रीय, ब्राह्मण एक ही मनुष्य के गुण हैं और ये गुण बंधन आपको कर्म बंधन में बांधते हैं और आप अपने जीवन को एक स्तर तक जीते हैं। आप अपने गुणों के द्वारा वातावरण विकसित करते हैं अपने गुणों के अनुसार अपने कर्मों में जीना पूर्णता है। प्रकृति आपके शरीर को गुणों, भावों, भावनाओं, इच्छाओं ज्ञान से बांधती है और ये शरीर के बंधन सम्पत्ति हैं और इन बंधनों में जीना ही जीवन है और इन बंधनों से अलग होना ही मुक्ति है।

आपके शरीर में उत्पन्न गुण, भाव, वासनाएं, इच्छाएं आपको बाहरी बंधनों में भी बांधती हैं और आपको आंतरिक बंधनों में भी बांधती हैं जिस प्रकार एक दीवार घर को बाहर से तो बांधती ही है बल्कि अंदर से भी बांधती है। जिस प्रकार एक दरवाजा न केवल अंदर जाने का रास्ता होता है बल्कि बाहर जाने का भी रास्ता होता है। आपके शरीर का स्त्री-पुरुष होना भी प्राकृतिक बंधन है। स्त्री होना या पुरुष होना आपके अंदर विशेष गुणों को पैदा करता है जो आपकी आंतरिक व बाहरी पहचान बनाते हैं। जिस प्रकार शरीर प्राकृतिक है उसी प्रकार शरीर से जुड़ी सम्पत्ति, गुण, जीवन मूल्य भी प्राकृतिक है।

हर प्राणी अपनी क्षमताओं और गुणों के द्वारा अपना स्थान प्राप्त करता है ये गुण व क्षमताएं भी प्राकृतिक हैं इन गुणों क्षमताओं के द्वारा प्राप्त किया गया स्थान पद शक्तियां, वस्तुएं, सम्पत्ति भी प्राकृतिक है। हर समूह में प्राणी को अपना अस्तित्व बचाने के लिए कर्म, गुण क्षमताएं विकसित करता है और समूह इसी आधार पर पद (स्थान), सम्पत्ति प्रदान करता है। प्रकृति शरीर को कई स्तरों पर बांधती है जैसे जन्म-मृत्यु, आयु शक्ति, ज्ञान, सम्पत्ति आदि और ये बंधन ही मनुष्य को सहयोग व संघर्ष में बांधते हैं। प्राणी कहां तक सहयोग को ले जाएगा या कहां तक संघर्ष को ले जाएगा ये उस शरीर की सीमा है। जरूरी नहीं है कि कोई सहयोग हर स्तर तक जाएगा या हर संघर्ष जीवन के अंतिम स्तर अर्थात् हत्या तक जाएगा।

जीवन पर समूह के रूप में बंधन

आपका शरीर से ही समूह की पहचान होता है। प्राणी का शरीर ही उसके समूह की पहचान बताता है। शरीर से जुड़े हुए गुण, क्षमताएं, विशेषताएं पहचान वास्तव में समूह की ही पहचान होती है। आपका कार्य शरीर से ही नहीं बंधा है समूह से भी बंधा है। समूह आपके कर्मों पर बंधन लगाता है यह बंधन भी प्राकृतिक है। कर्म समूह के एक सदस्य के रूप में किए जाते हैं। समूह का बंधन समूह के संबंध में आंतरिक बंधन है। यदि आप इस बंधन को केवल अपने शरीर के ही साथ देखते हैं तो यह बंधन बाहरी बंधन है। जिस प्रकार आपका शरीर कुछ सीमाओं में बंधा है आप उन बंधनों के दायरे में रहकर अपने गुणों व क्षमताओं के अनुसार कर्म करते हैं। शरीर की सीमा आपके कर्मों को प्रभावित करती है। शरीर की सीमा है कि आप कितना भार उठा सकते हैं, कितनी तेज दौड़ सकते हैं। इस तरह इस सीमा से बाहर जाने की स्थिति में आपका शरीर कष्ट सहेगा या नष्ट हो जाएगा। उसी प्रकार समूह की सीमा भी होती है।

हर प्राणी, जीव, मनुष्य इस संसार में समूह के सदस्य के रूप में रहता है। समूह की क्षमता, गुण, स्वतंत्रता, अधिकार, कर्म क्षेत्र, जीवन की व्यापकता व सीमा उसका समूह तैयार करता है। जीवन का हर संगठन चाहे मनुष्यों का संगठन हो या अन्य जीवों का प्रकृति का एक वातावरण है जो उस जीवन का आंतरिक वातावरण है। समूह किस तरह की क्षमता रखता है उसने अपने अंदर किस तरह के गुण विकसित किए हैं उसने स्वतंत्रता के किन स्तरों को विकसित किया है उसके जीवन की व्यापकता कितनी है उसने जीवन के किन स्तरों को अपने अंदर विकसित किया है यह उस समूह की सीमा है। समूह से जुड़े हुए क्षमता, शक्ति, गुण, विशेषताएं स्वतंत्रता अधिकार उस समूह की सम्पत्ति होती है। ये सब स्वाभाविक रूप से विकसित होती है।

समूह के न केवल भौतिक मूल्य उस समूह की सम्पत्ति होती है बल्कि उस समाज के नैतिक मूल्य आदर्श धार्मिक मूल्य, पहचान, संस्कृति भी उस समूह की सम्पत्ति होती है ये समाज में स्वाभाविक तौर पर विकसित होते हैं ये जीवन मूल्य भी प्राकृतिक हैं।

समूह के पास जो भी सम्पत्ति होती है चाहे धन के रूप में, चाहे पहचान के रूप में, चाहे जीवन मूल्यों के रूप में वह उस सम्पत्ति को बचाने की स्वाभाविक कोशिश करता है। उसमें उन जीवन मूल्यों के प्रति स्वाभाविक लगाव होता है। वह समाज की पहचान होती है जो व्यक्ति को अपने

गुणों व कर्मों के अनुसार प्राप्त होती है। वह उस पहचान के प्रति जागरूक होता है। वह समूह पहचान उसकी व्यक्तिगत पहचान भी बनती है।

समूह होना ही अपने आप में जीवन का पूर्ण रूप प्रदान करता है और समूह की रक्षा की भावना जीवन की रक्षा की भावना है क्योंकि जीवन की पहचन समूह से निकलती है। एक समूह संकुचित हो सकता है या व्यापक हो सकता है। समूह कितना संकुचित है या व्यापक है यह उस समाज की सीमा है। समूह की संकुचितता व व्यापकता तुलनात्मक है।

जिस तरह विभिन्न प्राणियों के समूह को उनका भौतिक ढ़ाचा अलग-अलग पहचान देता है और अलग-अलग गुणों को शरीर में विकसित करता है उसी प्रकार मनुष्य भी अलग-अलग संगठनों में रहता है। ये संगठन धर्मों, संस्कृतियों, आर्थिक व्यवस्थाओं के संगठन हैं ये धार्मिक संगठन भी प्राकृतिक संगठन हैं। प्राणी, जीव, मनुष्य आपने समूह का एक अंश है। प्राणी समूह के रूप में रहते हैं। प्राणियों का बाहरी ढ़ाचा गुण, कार्य क्षमता, आकार, रंग जब प्राणी के समूह को पहचान देता है तो इसे जीवन विविधता का प्राकृतिक आधार कह सकते हैं। जीवन की प्राकृतिक विविधता शरीर की बाहरी पहचान है। इसलिए यहां पर समानता के लिए संघर्ष नहीं होता जीवन अपने संगठन में ही रहना चाहता है। मनुष्य, पशु जानवर आदि एक दूसरे से भिन्न होते हुए भी एक-दूसरे के पूरक हैं। इनमें होने वाले संबंध सहयोगी संबंध हैं। शाकाहार व मासांहार जानवरों के बीच होने वाला संबंध सहयोग है ना की संघर्ष। इस तरह के संबंध जीवन की किसी विशेषता को नष्ट नहीं कर सकते। मनुष्य के द्वारा पाले गए पशु गाय भैंस, बकरी, कुत्ता, बिल्ली आदि मनुष्य को चुनौती नहीं दे सकते हैं। न ही वे मनुष्य के अंदर विकसित हुई स्वतंत्रता को नष्ट कर सकते हैं। न उन गुणों को समाप्त कर सकते हैं जो मनुष्य के रूप में प्राप्त हुए हैं। इसी तरह मनुष्य भी इन पशुओं के साथ रहता हुआ इनके जीवन व्यवहार को पूर्ण रूप से नहीं बदल सकता है। मनुष्य इन पशुओं को एक सीमा तक ही अपने साथ बांध सकता है। इस प्रकार से संबंध जीवन की विशेषताओं को नष्ट नहीं करते। ये संबंध एक दूसरे की स्वतंत्रता को बढ़ाते है। इनमें होने वाले संबंध संघर्ष नहीं बल्कि सहयोग है। इस तरह इन संबंधों में बराबरी के लिए संघर्ष नहीं होता। यहां एक-दूसरे को जो जिस रूप में है स्वीकार कर लेता है। इस तरह के संबंधों में किसी गुण, सत्ता, क्षमता स्वतंत्रता को चुनौती नहीं दी जाती। ये जीवन रूप अपने आप में पूर्ण हैं। ये जीवन रूप अपनी पूर्णता अपनी सत्ता, अपनी पहचान के अधिकारी होते हैं। इस तरह के संबंध मुनष्यों के भौतिक जीवन से जुड़े हैं। ये जीवन संबंध मनुष्यता की जीवन सीमा से जुड़े हैं। ये संबंध मनुष्य के शरीर की सीमा को बढ़ाते हैं या शरीर की जरूरते पूरी करते हैं ये स्वतंत्रता को बढ़ाने वाले संबंध हैं यहां पर सिर्फ सहयोग है संघर्ष नहीं। यदि ये संबंध मनुष्य के जीवन में कोई संघर्ष उत्पन्न करते हैं या मनुष्य का नुकसान कर सकते हैं तो यह मनुष्य की अपनी गलती के कारण होता है। मनुष्य इस तरह के संबंधों को समाप्त कर सकता है क्योंकि मनुष्य के इन पशुओं के साथ संबंध स्वामी के रूप में है न की बराबरी वाले हैं। शरीर की सीमाएं होती हैं शरीर ही हमें बाहरी प्रकृति से जोड़ता है। शरीर के साथ जरूरतें उत्पन्न होती हैं जो हमें बाहरी संबंधों में डालती है। शरीर की आंतरिक प्रकृति जिस प्रकार

की होगी हम उसी प्रवृत्ति के संबंध बाहर भी बनाते हैं। शरीर के साथ इस तरह के बाहरी संबंध उन संबंधों को शरीर का ही हिस्सा बनाते हैं। जिस तरह कोई पशु मुनष्य के लिए कार्य करता है भोजन उत्पन्न करता है, घर की रखवाली करता है इस प्रकार मुनष्य के इन पशुओं के साथ संबंध मनुष्य के ही जीवन के संबंध बन जाते हैं। इसी तरह मनुष्य ने अपने शरीर की क्षमता व सीमा बढ़ाने के लिए उपकरणों का निर्माण किया है क्योंकि मनुष्य के शरीर की सीमा होती है वह देखना, बोलना, चलना, कार्य करना शरीर की सीमा में ही कर सकता है।

मनुष्य का शरीर से बाहर उन प्राणियों, मनुष्यों, वस्तुओं, उपकरणों के साथ संबंध जो उसकी सीमा को बढ़ाते हैं उस शरीर का हिस्सा होता है। इस तरह के संबंधों से व्यक्ति की स्वतंत्रता व जीवन जुड़ा होता है। जीवन एक संगठन है और संगठन का सबसे मजबूत आधार संगठन की पहचान बनाता है और यह पहचान प्राकृतिक है और यह पहचान कुछ नियम, व्यवहार, कानून निर्मित करती है जो उसे जीवन के रूप में अस्तित्व को सुरक्षित करती है। जीवन समूह (समाज) का उसी प्रकार हिस्सा होता है जिस प्रकार पेड़ के साथ पत्ता, फूल, फल। जिस प्रकार पत्ते, फल, फूल की पहचान उस पेड़ के साथ होती है, उसी प्रकार मनुष्य की पहचान भी उसी समाज के साथ होती है जिस समाज का वह हिस्सा है। जिस प्रकार फल को देखकर उस पेड़ का पता लगा सकते हैं जिस पेड़ से वह फल प्राप्त हुआ है उसी प्रकार मनुष्य के गुण व्यवहार को देखकर उस समाज का पता लगा सकते हैं जिस समाज का वह हिस्सा है। समाज एक व्यवस्था है और मनुष्य उस व्यवस्था में अपनी भूमिका निभाता है। समूह पर बाहरी हमला उस समूह की पहचान को खतरा होता है। एक समूह अपने आप में नियमो, व्यवहार, गुणों, सम्पत्ति का संगठन है। इस समूह पर बाहरी प्रभाव जो इस व्यवस्था को व्यवस्था, व्यवहारिक, कानूनी रूप में बदल दे या इस व्यवस्था को उस रूप में समाप्त कर देता है जहां उस व्यवस्था के गुण, व्यवहार, नियम, मूल्य नष्ट हो जाते हैं। ऐसी स्थिति बाहरी आक्रमण होगा। यदि समूह के भीतर होने वाले संघर्ष किसी व्यवस्था में परिवर्तन करते हैं तो वह परिवर्तन स्वाभाविक होगा यह एक आंतरिक परिवर्तन होगा चाहे वह हिंसात्मक क्यों न हो। क्योंकि यह समाज (समूह) के अंदर अपने आप विकसित हुए कारणों से परिवर्तन करता है। किसी समूह के भूख या बिमारी से जीवन का अस्तित्व नष्ट होना यह उस समूह की आंतरिक कमजोरी है। जीवन का आधार प्रकृति है जो जीवन को एक बातावरण के रूप में विकसित करती है और ऐसे वातावरण में रखती है जहां वह अपने अस्तित्व को बनाए रख सकते हैं। प्रकृति जीवन को आंतरिक व बाहरी दोनों तरह से तैयार करती है। प्रकृति जीवन को भौतिक आधार पर खड़ा करती है जो जीवन को शरीर के आकार, क्षमता, बल, मन, बुद्धि व बाहरी संबंध बनाती है। प्राणियों में आपसी संबंध भी चाहे व प्रकृति की विशेषता हो चाहे सामाजिक आधार पर हों उनके आधार में भी प्रकृति है। प्राकृतिक आधार पर ही सामाजिक नियमों की नींव पड़ती है। प्राणियों में विकसित होने वाले जीवन मूल्य, आदर्श, सामाजिक परंपराएं उस प्रकृति का ही एक अगला कदम है। हमें इन सामाजिक व्यवस्थाओं में कृत्रिमता का अनुभव इसलिए होता है क्योंकि हमने अपने जीवन की प्रवृत्ति को पूर्णता से अलग समझा है। जिस तरह हम शरीर को समूह की प्रकृति का हिस्सा

समझ सकते हैं। शरीर से जुड़ा आकार, बल, क्षमता, मन भी प्रकृति का हिस्सा है जो जीवन को एक स्तर पर व्यवस्थित करता है और इसी जीवन रूप का किसी सामाजिक व्यवस्था के रूप में मजहब के रूप में धर्म के रूप में व्यवस्थित होना भी प्रकृति का एक अगला कदम है। किसी समूह के सदस्यों में बल द्वारा संबंधों का निर्माण भी व्यवस्था का निर्माण करता है और किसी व्यवस्था का सामाजिक या धार्मिक स्तर पर व्यवस्थित होना भी व्यवस्था है। समाज या धर्म जीवन को उच्च स्तर पर व्यवस्थित करती है। जब जीवन को व्यवस्थित करने के सामाजिक या धर्म नष्ट हो जाते हैं तो जीवन निचले स्तर पर पहुंच जाता है निचले स्तर पर जीवन को अन्य नियम कानून व्यवस्थित करते हैं। हर व्यति का जीवन कई स्तरों पर खड़ा होता है हर व्यक्ति का शरीर के स्तर पर, बल, धन, ज्ञान के स्तर पर शक्ति व सत्ता के स्तर पर एक व्यक्ति का दूसरे व्यक्ति से संघर्ष होता है वास्तव में यह संघर्ष ही नहीं है सहयोग भी है। सहयोग के द्वारा दो या दो से अधिक शरीर मिल व्यवस्था का निर्माण करते हैं। सम्पत्ति व स्वतंत्रता उत्पन्न करते हैं व्यक्ति के जीवन की कुछ जरूरते होती हैं उन जरूरतों को पूरा करने के लिए ही वह सहयोग करेगा व संघर्ष करेगा। एक व्यक्ति दूसरे व्यक्ति के जीवन से उतना ही जुड़ेगा जितनी उसकी जरूरत है क्योंकि व्यक्ति की स्वतंत्रता किसी के साथ जुड़ने में ही नहीं है बल्कि अकेले रहने में भी है। व्यक्ति के अपने हित व अनहित होते हैं। उसको अपने जीवन की रक्षा करनी होती है। मनुष्य का मनुष्य के साथ संबंध प्राकृतिक है यह कई स्तरों में सामने आता है। इन संबंधों की सीमा होती है जो एक दायरे तक सीमित होती हैं। माता-पिता का बच्चों से संबंध गुरू-शिष्य का संबंध, स्त्री-पुरूष संबंध, मालिक-नौकर संबंध। ये सारे संबंध आपके शरीर से जुड़े हैं आप इन संबंधों की सीमा जान सकते हैं। ये सारे संबंध आपकी स्वतंत्रता को बढ़ाते हैं। ये संबंध आपको जीवन के उच्च स्तर पर जोड़ते हैं यदि इन संबंधों में किसी स्तर पर संघर्ष या विवाद भी उत्पन्न हो तो भी आपके सहयोगी जुड़ाव को कोई नुकसान नहीं होगा, क्योंकि ये आपके जीवन की गहरी पहचान को बांधते हैं। संबंधों को जोड़ने वाली शक्ति के स्तर की शक्ति ही संबंधों को तोड़ती है।

इन संबंधों को कोई समाज किस स्तर तक ले जाता है यह उस समाज की पहचान है। ये संबंध प्राकृतिक होते हुए भी सामाजिक धार्मिक स्तर तक जा सकते हैं। समूह अपने जीवन संबंधों को एक स्तर तक ले जाते हैं। कोई समाज किसी संबंधों की जिस स्तर तक ले जाता है उस स्तर तक जीना स्वतंत्रता है क्योंकि संबंध भी शरीर का हिस्सा बन जाते हैं। संस्कारों का निर्माण मनुष्य के अंदर समाज करता है। मूल्य भी समाज विकसित करता है। समाज इस सम्पत्ति जीवन मूल्यों को एक पीढ़ी से दूसरी पीढ़ी में पहुंचाता है। हर समूह अपने को आंतरिक रूप से बांधता है। कोई भी प्राणियों का समूह अपने को भूमि के किसी क्षेत्र से बांधता है सबसे पहले वह उस क्षेत्र से अपने शरीर रूप में बंधा है। जीवन एक शरीर है जो भोजन, पानी, सुरक्षा का वातावरण तैयार करता है वह वातावरण उस शरीर का रक्षा कवच है। कोई भी समूह अपने को इन शरीर की जरूरतों को पूरा करने के लिए क्रियाशील रहता हुआ नियमों व्यवहारों का निर्माण करता है जो लगातार उस समूह को स्थिर बनाए रखता है। समूह की स्थिरता के लिए सिर्फ शरीर की रक्षा ही जरूरी नहीं है। सभी

प्राणियों के समूह केवल शरीर की रक्षा के लिए नहीं जीते हैं। समूह के अपने जीवन मूल्य, परंपराए, ज्ञान विज्ञान, जीवन का स्तर भी होता है जिनके प्रति वह जागरूक होता है। हर समाज जीवन संबंधों को एक स्तर तक ले जाता है जहां पर जीना वह अच्छा मानता है। व्यक्ति का समाज में क्या स्थान होगा यह इस बात पर निर्भर करता है कि वह समाज के द्वारा अच्छे माने गए या निर्धारित किए गए गुणों व व्यवहार को अपने अंदर किस स्तर तक विकसित कर पाया है। हर समाज पुरूष-स्त्री के गुणों को विकसित करता है। अच्छे पुरूष के गुण, स्त्री के गुण जीवन का हर स्तर का संबंध किसी समाज की विशेषता होती है। यह समाज की आंतरिक विशेषता होती है क्योंकि हम हर रूप में समाज में अपने कर्तव्यों का निर्वहन करना होता है। हमारे समाज में वही स्थान होता है जो हम समाज में अपने कर्तव्यों का पालन करते हैं। चाहे हमें समाज इन नियमों का पालन करने पर शरीर के स्तर पर दण्ड नहीं देता हो पर हमें आंतरिक व बाहरी निंदा का सामना करना पड़ता है। सम्मान को चाहने वाला मनुष्य निंदा को शरीर के दण्ड से अधिक दुखदायी मानेगा। निंदा का अर्थ होगा जब आप अपने जीवन कर्तव्यों को उस स्तर पर निर्वहन नहीं कर पाए जिस स्तर पर समाज ने आपकी भूमिका निर्धारित की है क्योंकि समाज आपके अंदर गुणों का विकास करता है और आपको एक भूमिका निभाने के लिए तैयार करता है। गुण ही हमारी स्वतंत्रता है गुण ही हमें अधिकार देते हैं समाज किसी मकान की तरह होता है जो दीवारों से बंधा होता है। समाज आपको सीमाओं में इसलिए रखता है क्योंकि ये आपकी सीमाएं हैं जो आपके जीवन की रक्षा भी करती है स्वतंत्रता व अधिकार भी देती हैं। वास्तव में समाज मनुष्यों के बीच आपसी व्यवहार गतिविधियों, नियमों का समूह है। समाज किस स्तर तक आपके ऊपर सत्ता का निर्माण करता है यह उस समाज की सीमा है।

मनुष्य के जीवन के अनेक पक्ष होते हैं जो उसे पहचान देते हैं। वास्तव में अनेक पक्ष होते हुए भी एक ही पक्ष होता है वह है शरीर। सारे पक्ष मनुष्य को स्तरों पर खड़ा करते हैं। मनुष्य के जीवन के स्तर उस समाज द्वारा तैयार किए जाते हैं इन्ही स्तरों पर एक मनुष्य का दूसरे मनुष्यों के साथ संबंध होता है। यही स्तर जीवन मूल्य व सम्पत्ति का निर्माण करते हैं। यही स्तर शक्ति व बहुमत का निर्माण करते हैं। संख्या का अधिक भाग किस तरह खड़ा है वह बहुमत बन जाता है। शरीर का शरीर के स्तर पर होने वाला सहयोग व संघर्ष प्राकृतिक है। आप सहयोग भी अपने हित में करते हैं और संघर्ष भी अपने हित में सहयोग से मनुष्य अपनी शरीर की सीमा बढ़ाता है। जहां सहयोग की संभावना समाप्त हो जाती है वहां संघर्ष शुरू हो जाता है। सहयोग व संघर्ष आपकी सीमा है। हमारे जीवन में बहुत से ऐसे व्यक्ति होते हैं जिनसे ना सहयोग की जरूरत पढ़ती है ना संघर्ष की। ना किसी के साथ मिल कर कुछ पाना है। ना किसी से लड़ कर कुछ छिनना है। वो आपके वातावरण से, बाहर होते हैं उनके होने या ना होने से आपको कुछ भी फर्क नहीं पड़ता। आप इस संसार में कुछ सम्पत्ति का निर्माण करते हैं। आपके जीवन में कुछ गतिविधियां होती है जिन के लिए कुछ व्यक्तियों से संबंध बनाते हैं या समूह का निर्माण करते हैं। आप उसी हद तक किसी व्यक्ति से जुड़ते है जिस हद तक आपकी जरूरत है।

जीवन में सहयोग व संघर्ष शरीर से ही शुरू होता है और शरीर पर ही समाप्त होता है। शरीर से शरीर का होने वाला सहयोग किसी व्यक्ति की सीमा या क्षमता है। व्यक्ति से व्यक्ति में शरीर की शक्ति, आयु, ज्ञान आदि में सीमा होने के कारण एक व्यक्ति दूसरे से जुड़ता है। यह मिलन प्राकृतिक है। चाहे माता-पिता का बच्चों के साथ, चाहे स्त्री-पुरूष का मिलन, चाहे पुरूष-पुरूष का मिलन। शरीर से उत्पन्न होने वाली जरूरतें हमें इस संबंधों में डालती हैं। ये संबंध स्वतंत्रता को उत्पन्न करती है। स्वतंत्रता शरीर का हिस्सा है। हर जीवन अपने में पूर्णता लिए है। हम किसी के जीवन के कितने हिस्सा बनते हैं या बनाते हैं यह हमारी शरीर की जरूरतें या सीमा है। हम किसी के जीवन में कितनी व्यापकता के साथ जुड़ते हैं यह सहयोगी होने की प्रकृति है। वास्तव में शरीर ही अपने अंदर जरूरतें उत्पन्न करता है। भूख, प्यास, भाव, गुण शरीर ही हमारे जीवन को कई स्तरों पर खड़ा करता है। जिस तरह किसी घर में कई स्तर पर खड़ा होता है। घर कई मंजिला हो सकता है। इसमें प्रथम बात यह है कि घर किसी नींव पर खड़ा होता है। इसमें दूसरी बात यह है कि प्रथम तल के बाद ही दूसरा तल बनाया जा सकता है। इसी प्रकार व्यक्ति व्यति का जीवन का भी आधार होता है। समाज नींव का काम करता है। यह समाज तय करता है जिस प्रकार किसी घर की नींव तय करती है कि मकान को कितने स्तर तक बना सकते हैं उसी प्रकार समाज तय करता है कि व्यक्ति के जीवन कितनी ऊंचाई तक ले जाना है। व्यक्ति के जीवन के किस पक्ष को कितना महत्व देना है यह समाज तय करता है। शरीर से शरीर का मिलन चाहे किसी भी जरूरत के लिए शरीर ही उत्पन्न करता है। ये मिलन भी व्यवस्थित जीवन का पढ़ाव है। शरीर से शरीर का मिलन चाहे वह आर्थिक गतिविधियों के रूप में होता है चाहे शरीर की शारीरिक मानसिक, सामाजिक गतिविधियों के रूप में होता है। वह वास्तव में एक प्राकृतिक संबंध है। आप देखेगें कि जिन शरीरों के साथ आपके सामाजिक संबंध हैं वे प्रथम रूप में एक शरीर से जुड़े हैं। चाहे माता-पिता का बच्चों के साथ संबंध हो। इस संबंध को आप किस पवित्रता तक ले जाते हैं या कितने निचले स्तर तक जीते हैं यह आप की जीवन की सीमा है। यह आप निर्भर है कि इस संबंध को आप शरीर के स्तर पर जीते हैं या उस स्तर तक ले जाते हैं जिस स्तर तक भगवान श्री राम ले गए। अपने माता-पिता के वचन को पूरा करने के लिए राज्य का त्याग कर दिया। माता-पिता - भगवान तुल्य, गुरू तुल्य हो सकते हैं।

इसी तरह शिष्य ना गुरू से संबंध माता-पिता के स्तर का हो सकता है। पूजनीय हो सकता है अर्थात् भगवान के स्तर का हो सकता है। इसी तरह एक राजा का संबंध प्रजा से अपने बच्चों की तरह का हो सकता है जो इस प्रजा की रक्षा करता है। इसी प्रकार स्त्री-पुरूष का संबंध सिर्फ शरीर के स्तर पर भी हो सकता है जो प्राकृतिक संबंध है या स्त्री-पुरूष संबंध उस प्रेम कर्तव्य, विश्वास के स्तर तक भी ले जा सकते हैं जिस स्तर तक भगवान सीता-राम ले गए हैं। प्रेम, कर्तव्य, विश्वास भी प्राकृतिक है। इसी प्रकार मनुष्यों के बीच प्रेम, कर्तव्य, विश्वास का विकास भी स्वाभाविक है। अप्रेम, अकर्तव्य, अविश्वास भी प्राकृतिक हो जाता है।

जीवन के आर्थिक स्तर में ही सामाजिक पक्ष तैयार होते हैं समाज ही धर्म स्तर पर ले जाता है। वास्तव में आर्थिक संबंध भी नियमों का निर्माण करते हैं। शरीर को शरीर मान ले तो मनुष्य के बीच

होने वाले संबंध अन्यायपूर्ण लग सकते हैं। क्योंकि शरीर के शरीर से संबंध भौतिक ही नहीं बन जाते हैं बल्कि उन संबंधों को सामाजिक स्तर से नियमित होते हैं। अर्थात् समाज धर्म की स्थापना करता है। प्राणियों के बीच जंगल के स्तर पर होने वाला संघर्ष भी हिंसात्मक होते हुए भी न्यायपूर्ण है। क्योंकि आप ने जंगल को किस स्तर पर स्वीकार किया है वह आप मान चुके हैं जानवरों में शरीर के स्तर पर होने वाला संघर्ष, प्राकृतिक संघर्ष है इस संघर्ष को आप अपने स्तर पर नैतिक व अनैतिक बंधनों में न बांधते हुए उसे प्राकृतिक की एक स्वाभाविक विशेषता पर देखते हुए स्वीकार कर चुके हैं। जब जानवर एक शरीर को भोजन के स्तर तक ही देख पाया है तो इस बात में क्या आश्चर्य है कि वह उस पर आक्रमण न करें।

प्रकृति भी अपने आप में एक धर्म है। शरीर से शरीर का संघर्ष धर्म है। प्राणी जीवन के संघर्ष में अपने को एक स्तर पर रख कर सहयोग व संघर्ष करता है। समाज भी प्रकृति का ही अगला कदम है। जिस तरह प्रकृति से जुड़े हुए नियम, भाव, जरूरतें प्राकृतिक है। उसी तरह समाज से जुड़े आचार व्यवहार भी प्राकृतिक हो जाते हैं। क्योंकि समाज का आधार भी प्रकृति है। जिस तरह प्रकृतिक विविधता होती उसी तरह समान विविधता होती है। प्रकृति ही जीव विविधता, वनस्पति विविधता उत्पन्न करती है। उसी प्रकार सामाजिक विविधता भी प्रकृति ही उत्पन्न करती है। धर्म भी प्रकृति का ही हिस्सा है। अर्थात प्रकृति ही हमें उन्हीं स्थितियों में रखती है। उस स्थिति में नियत किए हुए कार्य को करना ही धर्म है। हम किसी स्तर पर कुछ नियमों का निर्माण करते हैं या ये नियम स्वत: विकसित हो जाते हैं। जो कानून व्यवस्था का हिस्सा हो जाते हैं। जिस प्रकार हमें शरीर के रूप में प्रकृति से बंधे हैं और प्रकृति के प्रभावों को अपने पर शासित करते हैं। उसी प्रकार समाज के उन नियमों का पालन करना जिन नियमों को हम तोड़ सकते है या उन नियमों का पालन न करना हमारे लाभ के लिए अच्छा होता है तब भी इन नियमों का पालन किया जाता है। क्योंकि वे नियम व व्यवहार भी एक व्यवस्था का स्तर है। इन नियमों को तोड़ना (पालन) न करना अपने को एक स्तर तक नीचे ले जाना होता है। क्योंकि इन नियमों का पालन करना एक अच्छे नागरिक की पहचान बन जाती है।

सहयोग व संघर्ष की पवित्रता

जब सहयोग व संघर्ष प्रकृति से उत्पन्न हुए हैं। ये शरीर से जुड़े हैं तो हर स्थिति में सहयोग व संघर्ष पवित्र होना चाहिए क्योंकि ये शरीर की जरूरतें व सीमाओं से उत्पन्न करते हैं। शरीर ही आपके जीवन के उच्च स्तरों का आधार है। आपके शरीर का आकार, रंग, शक्ति, ज्ञान, भाव, चेतना, प्रकृति की ही एक विशेषता है। प्रकृति ने आपको एक विशेष स्थिति में रखा है आप उस स्थिति में रहकर ही किसी कार्य, कर्म को पवित्र व अपवित्र कहते हैं। आपका किसी भी विवेकसंगत कार्य से जुड़ना यह आपके जीवन की प्राकृतिक विशेषता है। समूह (संगठन) (समाज) का आंतरिक विकास या पतन या बाहरी संघर्ष या सहयोग ही हमें हर समय परिवर्तन विकास की स्थिति में रखता है। आप के लिए कोई कर्म लाभदायक होगा या हानिकारक यह उसी तरह जानना आसान होगा जिस तरह आपका यह जानना कि आपका आग में जाना लाभदायक होगा या हानि प्रदान करने वाला होगा। क्योंकि यह शरीर की प्रकृति के ढ़ांचे को नुकसान करेगा। जिस तरह जीवन का प्रथम कार्य शरीर की रक्षा से जुड़ा है। उसकी जरूरतें पूरी करने में और अपने अस्तित्व को बनाए रखने के लिए क्योंकि आप प्रथम रूप में शरीर हैं। सहयोग भी स्वतंत्रता उत्पन्न करता है। संघर्ष भी स्वतंत्रता उत्पन्न करता है। वास्तव में आपके शरीर आपके अंदर कुछ भाव, इच्छा, कामना, वासना उत्पन्न करता है। इन की पूर्ति के लिए आप सहयोग करते हैं। आप अपने शरीर की सीमाओं में रहें यह प्रकृति की स्वभाविक प्रवृति है।

सहयोग के द्वारा आप कुछ प्राप्त करना चाहते हैं। सहयोग की सीमा होती है। सहयोग एक सीमा तक ही हो सकता है। सहयोग की संभावना कितनी है यह शरीर की क्षमता व जरूरत पर निर्भर है। सहयोग से स्वतंत्रता उत्पन्न होती है। जिस तरह कई प्राणियों का समूह किसी भारी जानवर को मारने के लिए एक समूह के रूप में कार्य करता है क्योंकि अकेले उस जानवर को मारना संभव नहीं है। यहां पर आप देखेंगे की यहां पर सहयोग से स्वतंत्रता हुई। जानवर के मरने के बाद वहां सहयोग की संभावना अपने आप समाप्त हो जाती है। इसके बाद हर प्राणी अपने हिस्से को प्राप्त करने का संघर्ष करेगा। क्योंकि संघर्ष के द्वारा वह अपने अधिकार प्राप्त करेगा। इस प्रकार आप देखेंगे की सहयोग भी एक स्तर संभावना तक जाता है और संघर्ष भी वहां तक जाएगा जहां तक संभावना है। इस प्रकार आप देखेंगे कि सहयोग भी प्राकृतिक है। आपके जीवन

की प्रकृति सहयोग के लिए भी प्रेरित करती है और संघर्ष के लिए भी। इसलिए आप को सहयोग व संघर्ष में आसानी से उतरना चाहिए जहां तक सहयोग की संभावना है वहां सहयोग करना चाहिए जहां संघर्ष में आपका लाभ है वहां संघर्ष करना चाहिए क्योंकि सहयोग व संघर्ष प्रकृति प्रदत्त हैं। आपका शरीर भी प्रकृति का एक हिस्सा है। जिसके जीवन की सीमा है। प्रकृति में घटने वाली प्रत्येक घटना प्रकृतिक है। चाहे वह आपकी इच्छा के अनुसार घटी हो चाहे अनिच्छा के अनुसार घटी हो।

हर समाज की विशेषता (सीमा) होती है कहां तक वह उस संघर्ष को व्यवस्थित कर सकता है। मुनष्य का जीवन अनेक स्तर पर खड़ा होता है। कोई समाज व्यक्ति के जीवन के संघर्ष व सहयोग को किसी हद तक व्यवस्थित कर सकता है। जिस तरह जंगल में भोजन, पानी शरीर की प्राथमिक जरूरत को पूरा करने के लिए हिंसात्मक संघर्ष होता है। यह एक प्राणी की विशेषता या शरीर की सीमा है कि वह अपने जीवन के सहयोग-संघर्ष में किस सीमा तक हिंसा का प्रयोग नहीं करता। प्रकृति ने कुछ प्राणियों को इस रूप में विकसित हुए हैं जिनका जीवनयापन के लिए किसी भी स्तर पर हिंसा न करनी पड़े। या कुछ ऐसे प्राणी हैं जिन्हें भोजन के लिए भी हिंसात्मक होना पड़ता है। किसी का हिंसात्मक होना या अहिंसात्मक होना प्रकृतिक घटना है। जीव का जीवन (शरीर) कुछ जरूरतें उत्पन्न करता है। मानव प्राणियों के बीच विविधता का दायरा व्यापक है। इसका कारण है मनुष्य ने अपने जीवन को कई स्तरों तक विकसित किया है। वह कई तरह के समाजों, मजहबों, संस्कृतियों, भौगोलिक विविधता क्षेत्रों में विकसित हुआ है। जो उनके व्यवहार को नियमित निर्देशित करते है और ये सभयताएं, संस्कृतियों, मजहब अपने आप में पूर्ण हैं। अपने आप में पूर्ण होना इन समाज में सहयोग का निचले स्तर पर व संघर्ष को उच्च स्तर पर ले जाता है। इस समाज में आर्थिक, व्यवसायिक सहयोग होने पर भी सांस्कृतिक मजहबी अलगाव बना रहता है। यह मजहबी अलगाव संघर्ष का कारण बनता है। इसलिए संसार को एक करने के मनुष्यों को एक आर्थिक व्यवस्था मे ढालने की नहीं बल्कि एक सामाजिक, सांस्कृतिक व्यवस्था का हिस्सा बनाना है। इन समाजों के बीच, मनुष्य का यदि व्यक्तिगत स्तर पर आर्थिक गतिविधि होगी तो वह जीवन के निचले स्तर पर होगी ये गतिविधियां समाज को एक नहीं कर पाएंगे। क्योंकि यह सहयोग क्षणिक व व्यक्तिगत है। संघर्ष संगठनात्मक है। जहां पर सहयोग व्यक्तिगत होता है या जीवन के निचले स्तर पर होता है वह क्षणिक होता है उस से आप संगठनात्मक जुड़ाव पैदा नहीं कर पाएंगे क्योंकि व्यक्ति का जीवन उच्च स्तर पर संगठनात्मक है। लोगों के बीच व्यक्तिगत सहयोग संगठनात्मक संघर्ष को कम नहीं कर पाएंगा। यहां पर संघर्ष का आधार व्यापक है। स्थिर है। पहचान से जुड़ा है। जहां संगठनात्मक जुड़ाव, सांस्कृतिक एकता, मजहबी एकता के बीच लोगों का होने वाला संघर्ष निचले स्तर पर होगा यह संघर्ष किसी मजहबी पहचान, सांस्कृतिक एकता, सभ्यता को नष्ट नहीं कर पाएगा। क्योंकि संघर्ष जीवन के व्यक्तिगत पक्ष से जुड़ा है जो क्षणिक है। निचले स्तर पर है। आर्थिक संघर्ष व्यक्तिगत संघर्ष आदि। यहां पर यह देखना है कि व्यक्तियों के समूह के संगठन का सबसे उच्च स्तर क्या है क्या उन लोगों को नस्ल एक संगठन के रूप में

बांधती है या एक मजहबी विचार बांधते हैं या एक व्यक्ति के जीवन को शून्य की स्थिति में रखते हुए एक आर्थिक व राजनीतिक व्यवस्था का निर्माण करती है। या कोई संगठन एक सभ्यता या संस्कृति या धर्म है जैसे हिन्दू धर्म।

सहयोग-व्यक्तिगत, संघर्ष - संगठनात्मक
सहयोग संगठनात्मक है - संघर्ष व्यक्तिगत

समूह अपने प्राणियों में (मनुष्यों) में आंतरिक संघर्ष के चलते जिसमें शरीर के संघर्ष ही होता है। समूह में आंतरिक संघर्ष चाहे कितना भी व्यापक हो वह वास्तव में शरीर तक ही होता है। हर समाज अपने को विकसित करता हुआ अपने समूह को धन, ज्ञान, विज्ञान, पहचान, तकनीक तौर पर एक स्थिति में खड़ा करता है। समाज ही तय करता है कि धन किसी रूप में है। ज्ञान किस रूप में है। पहचान किस रूप में है। तकनीक को किस स्तर तक विकसित किया है। यहां तक समाज जीवन को आसान बनाने के लिए शरीर के अंदर या बाहर सम्पत्ति को उत्पन्न करता है। इन्हीं के लिए व्यक्ति अपना संघर्ष करता है। इन्हीं स्तरों पर संघर्ष व्यक्ति का आंतरिक संघर्ष है। आंतरिक संघर्ष व्यक्ति समाज में उसी स्तर, धन, ज्ञान पहचान को प्राप्त करने के लिए करता है जो उस समाज ने उत्पन्न की है। जो स्वतंत्रता समाज ने उत्पन्न की ही नहीं है उसे व्यक्ति प्राप्त कर ही नहीं सकता। व्यक्ति अपने श्रम, ज्ञान, योग्यता के दम पर उस समाज के लिए कुछ स्वतंत्रता उत्पन्न करता है। वह स्वतंत्रता उस व्यक्ति की नहीं बल्कि समाज की होती है। उस स्वतंत्रता को समाज के स्वीकृति के बाद ही अधिकारों के रूप में प्राप्त करता है। समूह के अंदर होने वाले किसी भी तरह का संघर्ष (लड़ाई) उस समाज को समाप्त नहीं कर सकता क्योंकि आंतरिक संघर्ष भी सहयोग है। आंतरिक संघर्ष समाज में विकास का परिणाम है। इसलिए यहां संघर्ष व्यक्तिगत है और सहयोग संगठनात्मक हो जाता है। संघर्ष चाहे कितना भी उच्च व्यक्तिगत स्तर पर चला जाए वह समूह की अंतिम विशेषता संगठनात्मक सहयोग को समाप्त नहीं कर सकता।

संगठनात्मक सहयोग किसी समूह की अंतिम पहचान सर्वोच्च पहचान है। जो समूह को समूह से अलग होने का कारण बनता है। वास्तव में मानव प्राणी होते हुए भी जीवन के स्तरों की विविधता में रहता है और समूहों में रहता है। जैसे हिन्दू समाज, ईसाई समाज, मुस्लिम समाज। वास्तव में ये समाज संगठन का उच्च आधार बनाता है। ये जीवन की सीमाएं है। ये मनुष्य के व्यक्तित्व का निर्माण करते हैं। समूह ही स्वतंत्रता उत्पन्न करता है। समूह (समाज) ही व्यक्ति को अधिकार देता है। समूह का बंधन उस समूह की पहचान है। समूह (समाज) की अपनी प्रकृति वातावरण होता है जो व्यक्ति को अपने वातावरण का संरक्षण देता है। उसके जीवन को मजबूत बनाने के लिए उसे संघर्ष में ढालता है। वास्तव में समाज के जीवन का एक स्तर होता है वह उस किस स्तर तक जाता है। समाज उसके लिए मूल्य पैदा करता है। इस संसार में मनुष्य जीवन समूहों में बंटा है। इस संसार में होने वाला बड़ा संघर्ष समूहों का पहचानों का, सभ्यताओं का, धर्मों का

मजहबों का, संस्कृतियों का, विचारधाराओं का, व्यवस्थाओं का संघर्ष है। यहां वैश्विक तौर पर होने वाले संघर्ष व्यक्तिगत हैं हितों के लिए नहीं बल्कि समूहों के संघर्ष हैं और समूहों की कोई न कोई पहचान होती है। वे एक शुद्ध मजहबी संगठन भी हो सकते हैं। सांस्कृतिक पहचान भी हो सकती है। आर्थिक व्यवस्थाएं भी हो सकती है। परंतु बाहरी तौर पर देखने को लगता है कि संसार में राजनीतिक संघर्ष हुए हैं। राजनीतिक शक्ति का निर्माण यह पहचान समूह करते हैं।

समूहों की सीमाएं

हर समूह अपने आप में पूर्ण है उसके पूर्ण होने का अर्थ है कि वह इस प्रकृति में अपने अस्तित्व को बनाए रखने के लिए आवश्यक वातावरण क निर्माण कर पाता है। इन समूहों में संघर्ष का कारण यह है कि इन सब समूहों द्वारा प्राप्त की गई स्वतंत्रता सम्पत्ति को एक समूह से दूसरे समूह को खतरा है। मनुष्य के रूप में मानव इस संसार के अनेक प्राणियों से घिरा है। वास्तव में, ये सब प्राणियों के समूह मनुष्य के उस अस्तित्व को नष्ट नहीं कर पाएगा जिस अस्तित्व को उसने मनुष्य के रूप में प्राप्त किया है। इन सब जीवन रूपों से मनुष्य मनुष्य के रूप में सहयोगी आधार पर संघर्ष करता है। जिस तरह कोई बीमारी मनुष्यों को शरीर के रूप में तो नष्ट कर सकती है परंतु मनुष्य ने मनुष्य के रूप में जो ज्ञान, संस्कृति, सभ्यता, जीवन मूल्य, सम्पत्ति का निर्माण किया है नष्ट नहीं कर पाएगा। और किसी बीमारी या जीवन के किसी रूप से मनुष्य को नष्ट होना यह एक बाहरी या प्राकृतिक घटना है यह जीवन भौतिक आधार शरीर से जुड़ी है। बाहरी समस्या (प्रकृति) से संघर्ष में मनुष्य समूहों की सांस्कृतिक पहचान, मजहब से ऊपर उठ कर संघर्ष करना यह एक स्वभाविक प्रवृत्ति है। प्राणी के जीवन की सीमा है। जिस तरह वह बाहरी प्रकृति में अपने को वातावरण में ढालता है। उसी प्रकार मनुष्यों के जीवन की आंतरिक संभावना (आंतरिक सत्ता) के तौर पर भी काम करती है। मनुष्यों को एक समूह का बंधन कुछ ही मनुष्यों तक ही नहीं बल्कि पूरी मानव जनसंख्या को एक समूह के तौर पर बांधने की संभावना एक समूह रखता है। मनुष्य-मनुष्य के रूप में संसार के सब मनुष्यों से जुड़ा है। एक मनुष्य दूसरे मनुष्य की स्वतंत्रता का कम या समाप्त भी कर सकता है। यहां तक जीवन को समाप्त भी कर सकता है। या जीवन को प्रभावित भी कर सकता है। मनुष्य सिर्फ मनुष्य से तुलना, एक मनुष्य के रूप में करता है। मानव अपने जीवन की तुलना यदि मनुष्य के अलावा किसी अन्य प्राणी से करता है तो वह अपने को उस स्तर का न मानते हुए उस संघर्ष में हिस्सा नहीं होता वह प्रतियोगी नहीं होता। कोई मनुष्य कितना भार उठाता है यह तुलना सिर्फ मनुष्य से कर सकता है घोड़े, ऊंट या मशीन से तुलना का कोई आधार नहीं होता। क्योंकि मनुष्य यहां पर स्वाभाविक तौर पर मान चुका है कि यहां पर शरीर बल में तुलना करना अप्राकृतिक होगा। इसलिए मनुष्य -मनुष्यों से बाहर कोई संघर्ष नहीं सकता। वह एक सहयोग ही होगा। ये सब जीवन के रूप अपने क्षेत्र में कार्य करते हैं। जीवन का हर रूप, पहचान, उसकी विशेषता, उसकी

सीमा उसकी क्षमता, उसका अलगाव का भाव एक वातावरण बनाता है, जो भौतिक सीमाओं में, शरीर की सीमाओं में, ज्ञान विज्ञान की सीमाओं में बंधा है और इसलिए अपने एक वातावरण में बंधा है जब वह उस बंधन को तोड़ कर, चाहे चाहकर या बाहरी शक्ति उस बंधन को तोड़ेगी तो वह पहचान जीवन रूप वातावरण नष्ट हो जाएगा वह वातावरण जो किसी जीवन रूप को अलग पहचान के रूप में बांधता है वह राज्य है। इस प्रकार हर जीवन रूप पहचान संस्कृति, समाज एक वातावरण बनाता है जो व्यक्ति, प्राणी, जीव को एक रक्षा कवच देता है जो राज्य है अपने समूह के हितों की रक्षा करता है। उसके जीवन को व्यवस्थित करता है। जो जीवन की स्थिरता देता है। स्थिर जीवन, व्यवस्थित जीवन अन्य सम्पत्ति का निर्माण करता है। जो स्वतंत्रता को बढ़ाकर अतिरिक्त स्वतंत्रता उत्पन्न करता है।

मनुष्य का मनुष्य के साथ ही समानता से संघर्ष होता है। क्योंकि मनुष्य मनुष्य से ही ज्ञान, बल, धन, तकनीक, पद, पहचान, संस्कृति, मजहब, धर्म का संघर्ष हो सकता है। किसी भी स्तर पर होने वाला संघर्ष प्रथम रूप में प्रकृति संघर्ष है। मानव के विरूद्ध मानव का संघर्ष किसी भी प्रकार मानव के विरूद्ध नहीं है यदि इस संघर्ष में सत्य, न्याय, समानता, धर्म के तत्व शामिल हों। क्योंकि संघर्ष हो या सहयोग हो मानव अपने हितों को ध्यान में रखता है ऐसा हो सकता है कुछ शरीर के स्तर पर संघर्ष करें और कुछ समानता, स्वतंत्रता, पहचान, न्याय के लिए संघर्ष करें दोनों अपने आप में पूर्ण हैं। क्योंकि शरीर के लिए संघर्ष करना भी प्राकृतिक की प्रवृत्ति है। और धर्म, न्याय, सत्य के लिए भी क्योंकि न्याय, समानता, सम्मान, सत्य भी जीवन से प्राकृतिक तौर पर जुड़े हैं। इस प्रकार दोनों स्थितियों में संघर्ष करना वास्तव में शरीर का ही संघर्ष है और शरीरों का संघर्ष अपने में प्राकृतिक संघर्ष है। क्योंकि शरीर की वासनाएं, जरूरतें जवीन की रक्षा का भाव, सुख-दुख का भाव उत्पन्न करता है, इसलिए ये कारण भी संघर्ष का कारण बनते हैं। इसी प्रकार, धर्म, ज्ञान, सत्य, न्याय, समानता, स्वतंत्रता, सम्मान का आधार भी शरीर के ढांचे पर खड़ा होता है। जिस प्रकार शरीर के नष्ट होने से जीवन नष्ट हो जाता है या शरीर के स्तर पर शरीर नष्ट हो जाता है। उसी प्रकार न्याय, समानता, सम्मान, स्वतंत्रता अधिकारों ज्ञान के स्तर पर जीवन नष्ट होने से जीवन धर्म के स्तर, एक उच्च स्तर, एक व्यवस्था के स्तर, एक स्वतंत्रता व अधिकारों के स्तर पर जीवन नष्ट हो जाता है। समाज ने जीवन को किस स्तर तक पहुंचाया है यह उस समाज पर निर्भर करता है।

जिस तरह व्यक्ति के जीवन की सीमा होती है उसी तरह एक समूह की भी सीमा होती है। व्यक्ति के लिए वास्तव में शरीर के हित है। वह शरीर की सुरक्षा, जरूरतें पूरा करता है। वह किस व्यक्ति जीवन के किस रूप से जुड़ता है यह उस व्यक्ति के शरीर का संबंध है। क्योंकि वह उस संबंधों में अपने को समाप्त नहीं करना चाहता बल्कि अपने को जीना चाहता है वह ज्ञान, बल, धन, पहचान, मूल्यों के साथ जीना चाहता है जो उसके जीवन की पहचान है। वह इस जीवन को सुख-दुख, मान-सम्मान के स्तर पर अनुभव करता है। व्यक्ति अपना जीवन सुखपूर्वक व स्थिर जीना चाहता है। वास्तव में वह उन बंधनों को जीना चाहता है जिसे वह जीवन कहता है। वास्तव में वह बंधनों को जीते हुए भी स्वतंत्रता को जीता है और स्वतंत्रता को जीते हुए भी बंधनों को जीता

है। वास्तव में स्वतंत्रता शरीर से बंधी है शरीर बंधन है शरीर की सीमा है। सीमा बंधन है इसलिए स्वतंत्रता भी बंधन हो जाती है। एक प्रकार की स्वतंत्रता को पाने के बाद नई प्रकार की स्वतंत्रता की संभावनाएं खोजना एक प्रकृति है। स्वतंत्र की भी सीमा है और इसलिए अधिकार भी सीमाओं में बंधे हैं। व्यक्ति अपने जीवन को कई स्तरों पर खड़ा करता है। धन, बल, ज्ञान, सम्मान के स्तर पर जो उसको शरीर के रूप में जीवन को स्थिरता व पहचान सुखपूर्वक जीने के लिए आवश्यक बनाती हैं। इसी प्रकार समाज भी अपने में एक स्वतंत्रता बल, धन, ज्ञान, पहचान, संस्कृति पहचान के रूप में खड़ा करता है यह भी एक बंधन है अंतिम रूप में व्यक्ति कहां बंध है।

समूह का खुलापन: संकुचितता
समूह की पूर्णता (व्यापकता): फैलाव व सीमा (बंधन)

समूह में खुलापना होना या संकुचित होना यह एक प्राकृतिक प्रवृत्ति है। समूह या समाज प्रथम रूप से एक व्यवस्था है जिसको अपने को बनाकर रखना उस समाज या समूह के लिए आवश्यक है। समाज या समूह अपने को इस तरह के वातावरण का निर्माण करता है जिससे वह अपने अस्तित्व को बनाकर रख सके समूह या समाज अपनी पहचान के रूप में अपना अस्तित्व रखता है। पशु, जानवर, पक्षी अपने जाति के समूह के रूप में रहते हैं। मुनष्य भी प्रथम रूप में प्राणियों का समूह है जो मनुष्य होने के नाते संसार के सब मानव जाति एक ही समूह है। इसका कारण यह है कि सब मनुष्यों में कहीं न कहीं अनेक स्तर पर एकीभाव है। या संसार के सब मनुष्यों को एक ही समाज, व्यवस्था, नियम राजनीतिक, सामाजिक, आर्थिक, धार्मिक व्यवस्था में ढाला जा सकता है। संसार भर के मनुष्यों में चाहे आज वे किसी भी तरह की व्यवस्था, समाज, मजहब का निर्माण क्यों न करते हों उन सब को एक व्यवस्था में डालने की संभावना है। कोई समाज या समूह कितना खुला या बंद है यह एक प्रकृतिक विशेषता है। खुला या बंद होना उसका अधिकार है। क्योंकि कोई भी समाज या व्यक्ति अपनी सीमाओं में बाधता इसलिए है कि वह अपनी क्षमता व सीमाओं के अनुसार अपने जीवन का जी सके। क्योंकि बंधन हमें हमारी शरीर, धन, बल, क्षमता, ज्ञान आदि की सीमा बढ़ाता है। व्यक्ति अपने बंधन की सीमा को तभी बढ़ा सकता है जब उसने अपने लिए धन, बल, ज्ञान, क्षमता की सीमा को बढ़ाया है। जिस तरह व्यक्ति को अपने खर्च को बढ़ाने से पहले अपने आय को बढ़ाना होगा। यह उसको स्वतंत्रता के विरूद्ध होगा अपने शरीर के बल के बाहर किसी भार को उठाना/या अपनी धन की सीमा के बाहर खर्च करना। इन बंधनों को तोड़ने के लिए व्यक्ति को अपनी सीमाओं को बढ़ाना होगा। व्यक्ति की व्यक्तिगत क्षमता ही समाज या समूह में उसे पहचान के रूप में या पद या प्रतिष्ठा को जीवन पर प्राकृतिक बंधन प्राणी को पहचान व समूह के रूप में बांधती है। यह बंधन प्राणी को मनुष्य, पशुओं के रूप में बांधता है। प्राणियों की हर जाति अपने जीवन को सीमाओं में बांधती है। उनमें विशेषताएं व गुण क्षमता उत्पन्न करती है। और प्रकृति के एक वातावरण में रखती है। ये विशेषताएं जीवन की विविधताएं उत्पन्न करती हैं।

यहां पर जीवन की विविधताओं, गुणों विशेषताओं को स्वाभाविक तौर पर स्वीकार कर लिया जाता है, इसलिए मनुष्य किसी प्राणी के कुत्ता होने, बैल होने, घोड़ा होने पर, गधा होने पर कोई सवाल नहीं उठाता है। यहां पर मनुष्य इन विविधताओं को देखते हुए जानते हुए इन को बदलने की या एकीकरण की कोशिश नहीं करता। यहां पर मनुष्य अपने जीवन की सीमाओं को जानता है और जीवन के अन्य रूपों को भी जानता है इसलिए यहां पर बाहरी संघर्ष समाप्त हो जाता है। इन जीवन रूपों के साथ वह सहयोगी बन जाता है ये जीवन रूप मनुष्यों की स्वतंत्रता पहचान, क्षमता, बल, ज्ञान विज्ञान, सत्य, समझ के चुनौती नहीं दे सकते। जिस तरह प्रकृति प्राणियों के रूप में जीवन को विविधता देती है। उसी प्रकार समाज मनुष्यों को भी विविधता प्रदान करता है। जिस प्रकार मनुष्य जीवन की प्राकृतिक विविधता को स्वीकार कर लेता है। क्या उसी प्रकार मनुष्य के जीवन सामाजिक, सांस्कृतिक, धार्मिक विविधता को स्वीकार कर पाता है यह किसी समाज की विशेषता हो भी सकती है किसी समाज की नहीं भी। क्योंकि इन सामाजिक, सांस्कृतिक, धार्मिक पहचानों के आधार में भी प्रकृति ही है। जिस तरह प्राकृतिक विविधता भी प्राकृतिक है उसी प्रकार सामाजिक, सांस्कृतिक, भाषायी पहचान भी प्राकृतिक है। समूह का खुलापन (व्यापकता) उसकी क्षमता है और समूह की संकुचितता भी उस समूह के लिए आवश्यक है।

मनुष्य होने के नाते अनेक स्तरों पर एकीभाव तो रखता है। परंतु हर स्तर पर मनुष्य-मनुष्य के साथ जुड़ा नहीं है। इसका कारण है मनुष्य व समाज की आंतरिक सीमाएं। मनुष्य के अनेक स्तर पर समान होने के कारण यह कहा जाता है सभी मनुष्य समान है। ऐसे समझ या तो सबसे निचले स्तर पर बनती है जैसे सभी मनुष्य की निचले स्तर की जरूरते समान है। सभी को भोजन, पानी, सुरक्षा चाहिए। सभी मनुष्य मनुष्य के रूप में जन्म लेते हैं। यह समझ सामाजिक, सांस्कृतिक, भाषाई, नस्ल, पहचान से पहले ही व्यक्ति को शरीर के स्तर पर एक कर देते हैं। एक करने का अर्थ यह नहीं है कि यहां पर संघर्ष नहीं होगा। हम जीवन को चाहे कितने ही निचले स्तर पर देखें अर्थात शरीर को शरीर ही मान ले तो भी संघर्ष होगा यहां पर संघर्ष व्यक्तिगत होगा जो शरीर की जरूरतें पूरी करने के लिए होगा। हर व्यक्ति का हर व्यक्ति से संघर्ष होता है। हर शरीर से जरूरतें जुड़ी हैं। शरीर ही अंतिम रूप में समाज संस्कृति, ज्ञान, पहचान बनाता है। शरीर की प्राकृतिक विविधता को यदि हम मनुष्य के रूप में स्वीकार करें तो वह सामाजिक व्यवहार भी निर्मित करती है। किसी व्यक्ति का रंग, शरीर का आकार, सुंदरता, बल, ज्ञान, धन आदि शरीर के स्तर पर देते हुए सामाजिक स्तरों का निर्माया भी करते हैं। शरीर बल, ज्ञान, धन इस तरह के संबंध व्यक्ति को पहचान देते हैं तो यह स्वाभाविक है। यह अन्याय नहीं है। व्यक्ति अमीर-गरीब हो यह व्यक्ति की क्षमता है। यदि प्रकृति की ऐसी किसी विशेषता को जो व्यक्ति की क्षमता, बल, धन, ज्ञान में कोई बाधा नहीं वह अन्याय होगा जैसे नस्ल रंग के आधार पर व्यक्ति से व्यक्ति को तुलना अन्यायपूर्ण है।

व्यक्ति धन, ज्ञान, पहचान अपनी क्षमता से प्राप्त करता है। इन आधारों पर व्यक्ति की तुलना या संघर्ष किसी भी अर्थ में अन्यायपूर्ण नहीं है। लेकिन यहां पर यह देखना जरूरी है कि कोई समाज व्यक्ति को इन गुणों, ज्ञान, धन को प्राप्त करने के लिए किस तरह की व्यवस्था करता है। हर व्यक्ति

धन प्राप्त करना चाहता है। हर व्यक्ति दूसरे व्यक्ति से संघर्ष करता है। लेकिन यह महत्वपूर्ण है कि इन संघर्षों को करने के लिए व्यक्ति को किस कानून व्यवस्था में रहकर अपनी जरूरते पूरी करता है। क्योंकि हर समाज की अपनी स्वतंत्रता होती है हर समाज के पास अपना धन होता है। वह समाज व्यक्ति को उस स्वतंत्रता व धन प्राप्त करने को एक न्यायपूर्ण तरीका देता है। जिस तरह व्यक्ति की धन, बल, ज्ञान क्षमता के स्तर पर तुलना की जा सकती है क्योंकि उस व्यक्ति ने ने समाज की व्यवस्था का पालन करते हुए प्राप्त किया है। यदि व्यक्ति उस व्यवस्था का पालन नहीं करेगा जो समाज ने तय की है तो वह कार्य अन्यायपूर्ण होगा और इस तरह से प्राप्त की हुई सम्पत्ति को समाज वापिस भी ले सकता है। दण्ड दे सकता है। जिस तरह से व्यक्ति व्यक्ति के स्तर पर संपत्ति को प्राप्त करता है। उसी प्रकार समाज समाज के स्तर पर सम्पत्ति प्राप्त करता है। वह समाज नियमों का निर्माण करता है। व्यवहार का निर्माण करता है और जीवन मूल्य या जीवन का स्तर को एक स्तर तक पहुंचाता है। इस प्रकार समाज की समाज से तुलना भी स्वाभाविक व न्यायपूर्ण है। जिस तरह व्यक्ति के जीवन की सीमाएं होती हैं उसी प्रकार समाज के जीवन की सीमाएं भी होती हैं।

मनुष्य ने अपने शरीर को उसकी प्राथमिक जरूरतों को आसानी से पूरा करके अपने शरीर को अन्य स्तरों तक विकसित किया। जो प्राणी अपने शरीर की सिर्फ भौतिक जरूरतें पूरा करने में संघर्ष करते रहें उन्होंने जीवन को उस स्तरों तक विकसित नहीं कर पाए। शरीर के स्तर पर अपने जीवन को व्यवस्थित करने का अर्थ है कि मनुष्य अपने जीवन की प्राथमिक आवश्यकताओं को कितनी आसानी से प्राप्त करता है। जिन मनुष्यों के समूहों में भोजन, पानी के लिए संघर्ष खड़ा था वह समाज जीवन के उच्च मूल्यों को प्राप्त नहीं कर पाएंगे। जिन समाज(समूहों) का जीवन जितने निचले स्तर पर होता है उनमें संघर्ष भी उतने निचले स्तर का होगा। जिस तरह, बच्चे छोटी-छोटी बातों के लिए लड़ लेते हैं। बड़े लोगों के लिए इन बातों का कोई महत्व नहीं होता। आप अपने जीवन में शरीर के साथ कुछ पकड़ते है अर्थात आपके जीवन से कुछ जुड़ा होता है जो अपने जीवन का महत्व, आधार, सम्पत्ति होती है। उसकी पहचान होती है। उसके लिए लड़ना स्वाभाविक है। उसी प्रकार किसी समूह की पहचान होती है। समूह किस आधार पर अपनी अंतिम पहचान बनाता है। यह उस समाज की पहचान है। मनुष्य के समूह भी प्रथम रूप में धरती के भौगोलिक सीमाओं में बंधा है। जो भौगोलिक सीमाएं उसे भूमि के किसी एक टुकड़े से बोध देते हैं। इसका कारण है प्राणियों की उत्पत्ति किसी एक वातावरण में हुई या भूमि के किसी एक हिस्से में हुई। वह अपनी क्षमता व जरूरत के अनुसार ही अपनी सीमाओं को बढ़ाएगा। प्राणी या मनुष्य अपनी सीमाओं को तभी तोड़कर एक जगह से दूसरी जगह जाता है जब उसके अंदर कुछ सम्पत्ति अर्जित करने की इच्छा हो और उसके लिए उसे अपने शरीर की सीमाओं को विकसित करना होता है।

भौगोलिक बंधन वास्तव में शरीर के बंधन है। मनुष्य के शरीर की सीमाओं के कारण वह लंबे समय तक किसी क्षेत्र विशेष से बंधा रहा है। मनुष्य या कोई अन्य प्राणी अपनी शरीर की सीमाओं में रहता हो और वह शरीर की सीमाएं मनुष्य को भूमि के साथ बांध देती है। हो सकता है एक नहीं भी मनुष्य के लिए एक सीमा बन जाए और वह सीमा मनुष्य पर ही नहीं जीवन के अन्य रूपों

पर भी लागू हो। आप नदी को तभी पार कर सकते हैं जब आप अपने शरीर की सीमा को इतना विकसित कर लें की आप तैर सकते हैं या पूल बना सकते हैं। इस तरह मनुष्य को आंतरिक बंधन, जैसे ज्ञान की सीमा, जनसंख्या की कमी भी एक क्षेत्र तक बांध सकती है। जनसंख्या में बढ़ोतरी भी मनुष्य के भूमि के बड़े क्षेत्र में फैलाव का कारण बना है। जैसे-जैसे मनुष्यों ने अपनी ज्ञान, शरीर की सीमा को विकसित किया वह एक क्षेत्र से दूसरे क्षेत्र में फैलता गया। जब कोई समूह अपनी सीमाओं को बढ़ाकर एक क्षेत्र से दूसरे क्षेत्र में प्रवेश करता है तो वह उस फैलाव के साथ अपने वातावरण को भी फैलाता है। वास्तव में जीवन को कोई भी रूप प्रकृति का एक वातावरण ही है जो प्रकृति में ही विकसित हुआ है। समूह का वातावरण ही उसकी पहचान है या पहचान ही वह वातावरण है जो प्रकृति में किसी रूप को पहचान देती है। अपने जीवन को व्यवस्थित करने के लिए आपको प्रकृति से अनेक स्तर पर आंतरिक व बाहरी सहयोग व संघर्ष में पड़ते हैं। आप जंगल से लड़ते हैं, पहाड़, धूप से, सर्दी से। ये वास्तव में, प्रकृति बाहरी संघर्ष है। ये संघर्ष आपको शरीर के स्तर पर ही समाप्त कर सकते हैं। अपने गुणों के स्तर पर नहीं।

इस तरह सभी मनुष्य मनुष्य होने के बाद भी एक तरह की व्यवस्था, कानून, समाज, संविधान का निर्माण नहीं कर पाए हैं। सभी मनुष्य एक ही सभ्यता का संस्कृति का निर्माण नहीं कर पाए हैं क्योंकि सभी मनुष्य का पालन एक ही समाज ने नहीं किया, या एक कानून, व्यवस्था में नहीं रहे हैं। प्रथम रूप में मनुष्यों को उनका भौगोलिक वातावरण समूहों में बांधता है। वातावरण ही मनुष्यों में किसी शरीर की विशेषताओं में बांधता है। शरीर के स्तर पर भी मनुष्य अभी एक नहीं हो पाए हैं क्योंकि प्रकृति ने मनुष्यों के रंग, नस्ल के आधार पर भिन्नता उत्पन्न की है और ये भिन्नता भी मनुष्यों में एक-दूसरे के प्रति अलगाव उत्पन्न करता है। यह स्थिति उस समय उत्पन्न होती है जब शरीर को शरीर मान लें या शरीर को भी किसी आंतरिक धर्म, मूल्य, मजहब, ज्ञान व संस्कृति से न जोड़ा जाए। जब मनुष्यों में जुड़ाव की उच्च पहचान नहीं होती जैसे धर्म, संस्कृति, मजहब आदि तब भी मनुष्यों में शरीर नस्ल रंग के आधार पर भेद हो सकते हैं। ये व्यक्तिगत भी होते हैं यदि रंग, नस्ल ही किसी समूह की पहचान बन जाए तो वह रंग, नस्ल भी संगठनात्मक हो सकती है जबकि उस रंग नस्ल का कोई सामाजिक, सांस्कृतिक आधार नहीं हो इसका अर्थ है जो समूह अंतिम रूप में जहां खड़ा हो वही अपना संगठनात्मक आधार बना लेता है। जो पहचान व शक्ति व सत्ता का निर्माण भी कर सकता है। राजनीतिक यहां पर किसी समूह का रंग, या नस्ल उसे सबसे उच्च पहचान के रूप में बांधती है। रंग या नस्ल सिर्फ शरीर के स्तर पर न रहकर सामाजिक अलगाव भी उत्पन्न करती है। एक समाज जो उच्च आधार पर संगठित है जैसे धर्म, मजहब संस्कृति उन समाजों में भी रंग नस्ल पर आधार पर, एक व्यक्ति दूसरे से अलग होता है परंतु यहां पर यह अलगाव निजी होता है। यह किसी की पसंद सा नापसंद से जुड़ा है यहां पर जुड़ाव का उच्च आधार है इसलिए इस तरह का अलगाव निजी होगा यह संगठनात्मक अलगाव पैदा नहीं कर पाएगा क्योंकि संगठनात्मक जुड़ाव का आधार धर्म, संस्कृति, मजहब होगा। जब प्राणियों के समूह में उच्च मूल्य या पहचान नहीं होगी तथा मनुष्य जीवन को निचले स्तर पर बांध देते हैं और उसी को अपने पहचान के रूप

में जीते हैं। इस धरती ऐसे भी प्राणियों के समूह है (मनुष्य) के रूप में जब उन्होंने इसी आधार पर मनुष्य से मनुष्य का भेद किया है रंग व नस्ल के कारण यह शून्य से भी नीचे की स्थिति है। शून्य से नीचे होने का अर्थ है जहां प्राकृतिक समानता को असमानता में बदलना या प्राकृतिक असमानता को समानता में बदलना। प्राकृतिक समानता का अर्थ है प्रकृति ने सभी मनुष्यों का ज्ञान, गुण शक्ति के अर्थ में सभी को एक क्षमता के स्तर पर जीवन जीने के लिए तैयार किया है। यदि व्यक्ति के ज्ञान, गुण, शक्ति समाज में असमानता उत्पन्न करती है तो यह एक प्राकृतिक समानता होगी यह एक सामाजिक असमानता नहीं होगी क्योंकि ये गुण प्रकृति ने स्वाभाविक तौर पर विकसित किए हैं। प्रकृति ने किसी व्यक्ति को कमजोर व शक्तिशाली बनाया है। इन शक्तियों को विकसित करने का अधिकार हर व्यक्ति को है। हर मनुष्य को अपनी क्षमता के अनुसार जीवन जीने का अधिकार होता है। हर व्यक्ति अपनी मेहनत से अपने लिए गुण, सम्पत्ति पहचान विकसित करता है। जो पहचान व पद विकसित करते हैं।

समूह के अंदर हर व्यक्ति अपनी क्षमता के आधार पर कुछ गुण, शक्ति, सम्पत्ति अर्जित कर सकता है। यह एक आंतरिक क्षमता है। दो मनुष्यों में अंतर होना गरीब या अमीर होना, निर्बल या शक्तिशाली होना, ज्ञानी या अज्ञानी होना यह मनुष्यों की आंतरिक क्षमताएं (सीमाएं) है बाहरी वातावरण तो सब प्राणियों के लिए एक समान है। सूर्य सभी को समान रूप से ऊर्जा व प्रकाश देता है। मनुष्य की ज्ञान, शक्ति, गुणों को प्राप्त करने पर बाहरी बंधन लगाना असमानता है। चाहे वह रंग या नस्ल के आधार पर हो चाहे स्त्री-पुरूष के आधार पर, सामाजिक आधार पर हो या मजहब या धर्म के आधार पर हो, रंग या नस्ल के आधार ही भेदभाव करना यह प्राकृतिक असमानता का प्रथम उदाहरण है। यह उस समय उत्पन्न होता है जब जीवन सबसे निचले स्तर यानी शरीर के स्तर पर वह भी केवल बाहरी पहचान है क्योंकि रंग या नस्ल मनुष्य के कोई आंतरिक गुण विकसित करने में बाधा नहीं बनती है। यदि रंग या नस्ल कोई बाधाएं बनती है तो यह एक प्राकृति विशेषता भी हो सकती है क्योंकि रंग या नस्ल किसी पर्यावरण में विकसित होती है और यही पर्यावरण मनुष्य के अंदर गुण व क्षमता, विशेषताएं उत्पन्न करता है। यदि पर्यावरण ने मनुष्यों के साथ बाहरी रंग व नस्ल को विकसित किया है तो आंतरिक गुणों, शक्ति को विकसित भी किया है व्यक्ति के बीच आंतरिक संघर्ष यदि समाज में असमानता उत्पन्न करना है। गरीब या अमीर के बंधन में बांधता है। यह एक प्राकृतिक संबंध होगा।

इसी तरह समूह के बंधन के अन्य आधार उसे व्यापकता या संकुचितता में बांधते है। व्यापकता का अर्थ है। एक समूह मनुष्य के कितने व्यापक, विस्तृत गुणों, क्षमताओं, शक्ति से युक्त मनुष्य को अपने में समाहित कर लेता है। मनुष्य मनुष्य से किन-किन आधारों पर भिन्न होते हुए भी एक समाज का हिस्सा है। मनुष्यों की कितनी विविधता के होते हुए भी समाज अंतिम रूप से जुड़ा है। जिस तरह प्रकृति अपने अंदर अनेक विविधता वाले प्राणियों को अपने में आश्रय देती है। क्या समाज भी इतना विस्तृत है जो सभी प्रकार के मनुष्यों को अपने में समाहित कर पाता है। विस्तृत, विस्तार इतना व्यापक विस्तृत शब्द है कि इसकी कोई सीमा नहीं है। व्यापकता एक

जीवन का फैलाव है यह कितना व्यापक हो सकता है इसकी कोई सीमा नहीं है। जिस तरह आपके पास कितना धन है उसकी गणना तो कर सकते हैं लेकिन आप कितना धन कमा सकते हैं उसकी गणना नहीं कर सकते। गणना, मापन उन्हें वस्तुओं की हो सकती है जो सीमाओं में बंधी हों। इसी प्रकार समाज कितना विस्तृत, व्यापक हो सकता है। कितनी स्वतंत्रता उत्पन्न कर सकता है। व्यक्ति को कितने अधिकार दे सकता है। इसकी कोई सीमा नहीं है। इसी तरह व्यक्ति का जीवन कितना उच्च व्यापक स्वतंत्र हो सकता है। इसकी भी कोई सीमा नहीं है क्योंकि जीवन एक बंधन होते हुए भी बंधन नहीं है। इसमें स्वतंत्रता की अपार संभावनाएं हैं। जीवन एक अनिश्चत खजाने के समान है। आप न तो यह जान पाते हैं कि आपने कितना प्राप्त किया है, कितना रह गया है या कितना प्राप्त कर सकते हैं क्योंकि सीमा बंधन की है और जीवन एक बंधन नहीं है जीवन बंधन प्रतीत होते हुए भी बंधन नहीं है। आपको जीवन बंधन इसलिए लगता है आप ने जीवन को बांध दिया है और आप उन बंधनों को जीते हैं। अंतिम रूप में मनुष्यों ने जीवन को जन्म व मृत्यु के बीच बांध रखा है और इसी को सच्चाई मान बैठें हैं। इसी तरह समाज कितना व्यापक होगा इसकी विस्तृता ही व्यक्ति को विस्तृता होगी। विस्तृता का अर्थ जीवन को आर्थिक पक्ष तक विकसित करना नहीं है। न केवल शरीर तक बल्कि जीवन को अध्यात्मिक स्तर तक विकसित करना है। समाज जितना व्यापक होगा व्यक्ति का जीवन भी उतना व्यापक हो सकता है। समाज की व्यापकता के बाद भी यदि व्यक्ति का जीवन संकुचित है तो वह व्यक्ति के जीवन की अपनी असफलता है। यदि समाज में मनुष्यों के गुणों, सम्पत्ति स्वतंत्रता का एक स्तर है यदि मनुष्य उस समाज में सम्पत्ति, ज्ञान, स्वतंत्रता प्राप्त नहीं कर पाया तो वह उसकी अपनी व्यक्तिगत सीमा है। क्योंकि समाज स्वतंत्रता संपूर्णता के लिए उत्पन्न करता है। आप कितनी व्यापक स्तर तक जीवन जी सकते हैं यह आपकी सीमा है। जिस तरह समाज (समूह) जीवन को व्यापक बनाता है उसी प्रकार समूह जीवन को संकुचित भी कर सकता है। वास्तव में व्यापकता व संकुचितता व्यवस्था की आंतरिक स्वतंत्रता व बंधन हैं। वास्तव में कोई समूह अपने अस्तित्व को बनाए रखने के लिए अपने को एक व्यवस्था में (संगठन) रखता है।

इस प्रकार व्यापक होना भी जीवन की स्वतंत्रता बन जाता है। व्यक्ति उसी स्वतंत्रता से अपने अधिकारों को प्राप्त करता है। समाज की व्यापकता (विस्तृतता) का अर्थ है व्यक्ति की असीमित स्वतंत्रता या स्वतंत्रता को लगातार बढ़ाने की संभावनाएं रखना या व्यक्ति की स्वतंत्रता पर बाहरी बंधनों का न होना। स्वतंत्रता पर बाहरी बंधन ही व्यक्ति की स्वतंत्रता को सीमित करते हैं। आंतरिक बंधन जीवन का एक हिस्सा होता है वास्तव में आप जीवन को बंधनों के रूप में जीते हैं। आंतरिक बंधनों को व्यक्ति अपने जीवन की सीमा समझता है। आंतरिक बंधन व्यक्ति की स्वतंत्रता को बांधते तो हैं परंतु उन बंधनों को एक कानून के द्वारा बाहरी बंधन के रूप में स्थापित नहीं करते जब कोई आंतरिक कमजोरी व्यक्ति की स्वतंत्रता को सीमित करती है तो वह व्यक्ति उस कमजोरी से लड़ सकता है। उसे उस स्थिति में अपने से संघर्ष करना होता है क्योंकि ऐसी स्थिति में बाहर कोई बंधन नहीं होता। किसी भी व्यक्ति का जीवन विस्तृत होना या संकुचित होना यह एक निजी

पहचान हो सकती है क्योंकि यहां पर व्यक्ति अपने जीवन को अपनी सीमाओं के अनुसार जीता है। इसलिए व्यक्ति के जीवन की संकुचितता महत्वपूर्ण नहीं है। समाज की व्यापकता व संकुचितता महत्वपूर्ण है क्योंकि समाज बाहरी बंधनों को तैयार करता है। वास्तव में व्यक्ति के जीवन पर लगे बाहरी बंधनों को हटाना या कम करना ही स्वतंत्रता है। व्यक्ति के जीवन के कितने पक्षों में समाज कितना हस्तक्षेप करता है।

इसी प्रकार समाज संकुचित भी हो सकता है संकुचितता का अर्थ है व्यक्ति के जीवन को समाज के द्वारा ऐसे बंधनों में बांध देते हैं जो व्यक्ति की निजी क्षमता के बाद भी उन अधिकारों व स्वतंत्रता का प्रयोग नहीं कर सकता है जो वह व्यक्ति के रूप में स्वतंत्रता होते हुए उन स्वतंत्रताओं का आनंद ले सकता है। समाज की संकुचितता अंतिम रूप में व्यक्ति के जीवन की संकुचितता का कारण बनता है क्योंकि समाज ही व्यक्ति पर बंधन लगाता है। यदि समाज किसी कृत्रिम न्याय की स्थापना के लिए या कृत्रिम समानता की स्थापना के लिए ऐसे बंधन लगाता है जो व्यक्ति के जीवन को संकुचित करते हैं तो यह समाज की संकुचितता होगी। वास्तव में व्यक्ति के जीवन पर वही बंधन लगाए जाते हैं जो समाज की संपूर्णता पर बंधन लगा होते हैं। क्योंकि समाज एक बंधन के रूप में काम करता है। समाज की एक निश्चित ज्ञान धन बल होता है नियम, कानून, व्यवहार होता है जो व्यवस्था उस समाज को एक व्यवस्था के रूप में रख सके कोई भी समाज अपने नागरिकों को ऐसे अधिकार नहीं देगा जो उस समाज की व्यवस्था को नष्ट कर सकते हैं। व्यक्ति की निजी स्वतंत्रता को इस हद तक नहीं बढ़ने देता है जो उस व्यवस्था को बदल दे। यह समाज का एक आंतरिक बंधन होते हुए भी व्यक्ति के जीवन पर एक बाहरी बंधन बन जाता है। व्यक्ति का व्यक्ति के साथ संघर्ष तो आंतरिक संघर्ष है और प्रकृति के साथ संघर्ष भी आंतरिक संघर्ष है। यदि व्यक्ति के जीवन पर ऐसा बंधन है जो व्यक्ति पर उसी समाज के द्वारा लगाया गया है तो वह बाहरी बंधन होगा। समाज के आंतरिक बंधन आंतरिक बंधन होते हुए भी बाहरी बंधन होते हैं।

क्योंकि शरीर के बंधनों को स्वाभाविक तौर पर जीना पड़ा है। प्रकृति के बंधन भी स्वाभाविक तौर पर जीने पड़ते हैं। वास्तव में समाज भी एक शरीर के समान है। इसके द्वारा लगाए गए बंधनोंको भी जीना पड़ता है। इस प्रकार समूह का जीवन के प्रति संकुचित दृष्टिकोण जीवन को संकुचित करता है। यदि किसी मनुष्य के जीवन की स्वतंत्रता को समाज या समूह कम करता है यह मनुष्य की मनुष्य के रूप में गुलामी होगी। इसका अर्थ यह नहीं है कि मनुष्य प्रतिबंधों को पूर्ण तौर पर हटाना चाहता है। बंधन व्यक्ति के जीवन पर आंतरिक होने चाहिए आंतरिक बंधन इसीलिए आंतरिक हैं कि इस मनुष्य सहजता से स्वीकार करता है। वह बंधन शरीर ही हैं। इस संसार में मनुष्य समूहों में रहता है समूहों के जीवन मूल्यों, सभ्यता, विचारों, मान्यताओं, विश्वासों, मजहबों के आधार पर देता है और ये अलगाव एक समूह की अपनी सीमा भी है। जीवन की व्यापकता भी है और संकुचितता भी है। इस प्रकार हम मनुष्यों के समूहों को धर्म के आधार पर हिन्दू सनातन कहते हैं। मजहबों के आधार पर ईसाई, मुस्लमान कहते हैं और पंथों के आधार पर बौद्ध, जैन, सिख कहते हैं। इनमें हर समाज का हिस्सा होने के लिए मनुष्यों को कुछ नियमों व्यवहार को

सिखाया जाता है। यह हर समूह अपने में प्रथम रूप में मुनष्यों के समूह हैं। हर समूह के अपने नियम व्यवहार, आचार जीवन के प्रति दृष्टिकोण अपना दृष्टिकोण होता है। हर समाज अपने आप में कानून व्यवस्था का नाम भी है। हर समाज मनुष्य के जीवन को अपने स्तर पर अच्छा बनाने के लिए प्रयास करता है यहां पर हर समाज अपने आप में पूर्ण भी है।

ये समाज जीवन को चाहे कितने भी व्यापक स्तर या संकुचित स्तर पर व्यतीत करते हैं अपने आप में पूर्ण हैं। एक समाज अपने व्यक्तियों को एक व्यवस्था के अनुसार ढालता है जो उस समाज के हिसाब से सही मानी जाती है अन्य समाजों में उस तरह का व्यवहार अमान्य हो सकता है। यही समाजों में संघर्ष का कारण बनता है। समाज अपने में आंतरिक व बाहरी संघर्ष से जुझता है। समाज एक मानसिक स्तर का संगठन है जो एक व्यवस्था के रूप में कार्य करता है। समाज में आंतरिक संघर्ष परिवर्तन, नए विचारों का उदय, पुरानी परंपराओं का समाप्त होना नई परंपराओं का आना। समाज में आंतरिक कारणों से हर तरह का परिवर्तन वास्तव में विकास है। समाज वास्तव में एक व्यवस्था है। संगठन अपने को स्थिर रखना चाहता है। इसलिए उसका कठोर होना या लचीला होना महत्वपूर्ण नहीं है। किस संगठन का कठोर होना या लचीला होना बाहरी स्तर पर देखा जा सकता है। अपने आप में समाज का संगठित होना ही पूर्ण है। उसका बने रहना ही पूर्णता है इसलिए कोई समाज अपने को कठोर या लचीला अपने अस्तित्व को बनाए रखने के लिए करता है और यह समाज की स्वाभाविक विशेषता है। जिस तरह हमारे शरीर की क्षमता होती है वह कितनी शक्ति के साथ क्या-क्या कार्य कर सकता है उसके गुण उस शरीर की विशेषताएं होती हैं। उसी तरह समाज की भी विशेषताएं होती हैं।

कोई भी समाज जिस-जिस गुण, स्वतंत्रता, अधिकारों की उत्पत्ति करता है वह उस समाज की पहचान होती है। समाज की सीमाएं किसी समाज को व्यापक व संकुचित बनाती हैं। वास्तव में हर समाज, समाज से आपस में और हर व्यक्ति, व्यक्ति से आपस में संघर्ष अपने जीवन की व्यापकता व संकुचितता को बचाने के लिए संघर्ष करते हैं। हर व्यक्ति व्यापकता को, विस्तृतता को नहीं चाहता है या चाहते हुए भी अपने जीवन को संकुचित ढंग से क्यों व्यतीत करता है। वास्तव में मनुष्य या जीव अपने जीवन की सीमाओं में रहता है इसलिए कुछ समाजों के जीवन की व्यापकता सीमा बन जाती है और कुछ समाजों के जीवन की संकुचितता जीवन बन जाती है। वास्तव में व्यापकता और संकुचितता दोनों जीवन है। दोनों अपने आप में पूर्ण होने में हमारी पूर्णता होती है और इसे जीना पड़ता है। इसलिए व्यापकता के लिए या संकुचितता के लिए संघर्ष अपने आप में पूर्ण व न्यायपूर्ण है। हर एक व्यक्ति के शरीर की सीमा है उस सीमा से बाहर ले जाना अन्यायपूर्ण है। सीमाओं को बढ़ाने का प्रयत्न करना स्वाभाविक है परंतु यह बाहरी तौर पर नहीं आंतरिक तौर पर होगा। जिस प्रकार जीवों के जीवन की क्षमता, गुणों, जरूरतों की पूर्ति उसका संगठन जीवों का समूह करता है उसी प्रकार मनुष्यों के जीवन जो मनुष्य होते हुए तो मनुष्य के रूप में एक है परंतु समाजों ने उसके जीवन को एक व्यापक व संकुचित दायरे में बांधा है उसकी रक्षा समाज करता है। जीवन के व्यापक स्तर व संकुचित स्तर की रक्षा समाज करता है। वास्तव में मनुष्यों के संगठन

के बीच होने वाला संघर्ष जीवन की व्यापकता व संकुचितता का संघर्ष है चाहे संगठन का आधार आर्थिक हो जैसे पूंजीवाद उस बनाम समाजवाद या मजहबी हो चाहे सामाजिक हो या धार्मिक हो चाहे व्यक्तियों का शून्य की स्थिति में संगठन हो। ये संगठन जीवन की विशेषताओं को तैयार करते हैं उनकी रक्षा करते हैं। उन संगठनों से जुड़े सदस्यों के हितों की रक्षा करते हैं। संगठन बना रहे इसके लिए आंतरिक व्यवस्था भी करते हैं।

व्यक्ति का जीवन संकुचित होना भी जीवन की विशेषता है और व्यापक होना भी। किसी को अपने जीवन व्यापकता से लगाव होता है तो किसी को उसको जीवन की संकुचितता से हो सकता है। हर समाज की अपनी विशेषता के कारण वह समाज व्यक्ति को एक जीवन व्यवहार में बांधता है। उसका जीवन व्यवहार इस प्रकार का होता है कि अकेले व्यक्ति को देखकर भी पता लगा सकते हैं कि वह किस समाज का हिस्सा है। वास्तव में व्यक्ति समाज का एक अंश के रूप रहता है। समाज व्यक्ति के लिए नियमों व्यवहार का दायरा बनाता है। यदि हम सिर्फ दो पुरूषों को एक साथ रखते है तो उनका जीवन अलग-अलग पिरामिड की तरह होगा। वह पिरामिड नीचे से एक दूसरे से जुड़े होंगे अर्थात एक दूसरे के अंदर होंगे और एक ऊंचाई के बाद एक दूसरे से अलग हो जाते हैं जहां से ये पिरामिड अलग होने शुरू होते हैं वहीं से दो होने का आभास शुरू हो जाता है और वही किसी व्यक्ति व्यक्ति की पहचान होती है।

जो उनके जीवन की पहचान है। जब हम इन दोनों पिरामिड को एक दूसरे के पास करते जाते हैं तो हम देखेंगे कि पिरामिडों के सबसे निचले हिस्से सबसे पहले एक दूसरे में प्रवेश करते हैं। हम उनको इतना पास कर सकते हैं कि दोनों एक हो सकते हैं। जब पिरामिडों की ऊंचाई बिन्दु एक हो जाता है। एक पिरामिड दूसरे के अंदर कितनी ऊंचाई तक है या कितना प्रतिशत है। इस तरह व्यक्ति का जीवन भी एक पिरामिड के समान होता है। जिस तरह, एक पिरामिड दूसरे में किसी भी स्तर तक प्रवेश किया हो उसका ऊपरी बिन्दु उसे अलग होने का पहचान है और ऊपरी बिन्दु उसे बताता है वह किस हद तक दूसरे में प्रवेश है।

मनुष्य का उच्च जीवन उसकी पहचान होती है। जो एक पिरामिड की तरह होता। हर मनुष्य का जीवन अपने आप में अलग होता है। उसके जीवन की उच्चता उसके जीवन के निचले स्तर तक की गतिविधियों को प्रभावित करती है। यदि मनुष्य के जीवन को धर्म, मजहब को उच्च स्तर की पहचान मान लें तो भी वह पहचान जीवन के सबसे निचले स्तर की गतिविधि भोजन, वस्त्र, स्त्री, पुरूष संबंधों तक को प्रभावित या अलग-अलग समाज में अलग-अलग तारीकों परंपराओं का जन्म देती हैं। यदि मनुष्य के जीवन का उच्च स्तर धन (आर्थिक) स्तर मान ले तो जीवन अमीर-गरीब में बटकर भी जीवन के निचले स्तर को प्रभावित करता है। इस प्रकार जीवन का कोई भी उच्च स्तर हो वह जीवन के निचले स्तर तक प्रभावित करता है। हर व्यक्ति दूसरे से अलग है या सभी व्यक्तियों से अलग है इसका कारण यह है कि हर व्यक्ति अपने अलग शरीर के साथ रहता है। जिसके साथ उसकी अपनी भूख, प्यास, रक्षा जुड़ी होती है। उस शरीर के साथ जीवन जुड़ा होता है। इस प्रकार मनुष्य के जीवन के अनेक पक्ष होते हैं जो मनुष्य के जीवन में स्तरों का निर्माण करते

हैं। मनुष्य में आंतरिक या बाहरी कारणों से एक मनुष्य दूसरे मनुष्य के जीवन में एक स्तर तक मिल पाता है। आंतरिक कारण अर्थात अपनी इच्छा से किसी से सहमत या सहयोगी होना। इस प्रकार मनुष्य के जीवन की व्यापकता व संकुचितता बनती है। मनुष्यों के बीच चाहे किसी भी स्तर पर वैचारिक, पसंद नापसंद का संघर्ष हो उस संघर्ष के ऊपर एक सत्ता शक्ति सहमति कार्य करती है। या एक सुविधा या एक व्यवस्था काम करती है जो उस संघर्ष को समाप्त या नियंत्रित करती है। या संघर्ष को हिंसात्मक होने से रोकती है। यह व्यकित के जीवन की निजी सीमा भी हो सकती है। यह प्राकृतिक सीमा भी हो सकती है। यह मनुष्यों के ऊपर मनुष्यों की शक्ति या सत्ता भी हो सकती है आदर्श व मर्यादा भी हो सकती है। जो संघर्ष को रोकती है। जहां से मनुष्य का जीवन निजी होता है वहां तक मनुष्य की आंतरिक स्वतंत्रता होगी। कोई भी समाज मनुष्य के जीवन की कितनी गतिविधियों को निजी मानता है या उस पर बाहरी प्रभाव नहीं होता वहां तक व्यक्ति का जीवन स्वतंत्र है स्वतंत्रता समाज उत्पन्न करता है और उस स्वतंत्रता को समाज व्यक्तियों के लिए प्रदान करता है। एक समाज एक स्तर पर बंधता है जो उसका उच्च स्तर होगा जो उसकी पहचान होगी जो कानून व्यवस्था तभी बनाएगा राजनीतिक शक्ति व सत्ता का निर्माण करेगा। एक समाज किस हद तक स्तंत्रता को अधिकारों में बदलता है। या स्वतंत्रता को निजी बना सकता है। जहां कोई वस्तु विचार, सम्पत्ति स्वतंत्रता अधिकार निजी हो जाता है वहां संघर्ष समाप्त हो जाता है और व्यक्ति अपनी स्वतंत्रता प्राप्त करता है। अलग-अलग समाज ने जीवन को एक स्तर पर बांध रखा है और वह स्तर जीवन को कितने निचले स्तरों पर बांधता है या ऊपरी स्तरों पर वह स्वतंत्रता को भी प्रभावित करता है। हर समाज (समूह) का प्रथम पहचान यह है कि वह संगठनात्मक है। और समाज अपने आप को संगठनात्मक रखना चाहता है इसलिए वह अपने समाज के अंदर इन तरह के विचार, विविधता, आंतरिक संघर्ष नहीं होने देता जो उस समाज को तोड़ सकता है या संघर्ष कर सकता है।

इसलिए समाज यदि वह संकुचित है तो वह अपनी रक्षा के लिए ज्ञान विज्ञान को भी नहीं विकसित होने देता है। ऐसे भी समाज रहे हैं जिन्होंने अपनी रक्षा के वैज्ञानिक चिंतन को कुचलने के लिए वैज्ञानिकों की हत्याएं तक कर दी। इस तरह यदि हम हर मनुष्य को अकेले प्राणी की तरह रखते हैं तो हर मनुष्य का जीवन एक पूर्ण होगा जो जीवन के निचले स्तर पर समान होते हुए भी ऊपरी स्तर पर एक दूसरे से स्वतंत्रत अस्तित्व रखेगा। निचले स्तर पर अर्थात शरीर के शरीर के स्तर पर भोजन, वस्त्र के स्तर पर एक दूसरे से अलग पसंद नापसंद हो सकती है जो मनुष्य की उच्च पहचान पर प्रभाव दर्शाती है। जिस तरह हिन्दू होना या मुस्लिम होना यह जीवन का उच्च स्तर अर्थात ईश्वर को जानना ही नहीं है बल्कि हिन्दू होना या मुसलमान होना जीवन के निचले स्तर अर्थात वस्त्र भोजन तक को नियंत्रित करता है। वस्त्र या भोजन सिर्फ शरीर को ढकने के लिए नहीं रह जाते वह उस समाज की पहचान भी बन जाते हैं। इसी तरह भोजन सिर्फ पेट भरने का साधन नहीं है बल्कि भोजन मनुष्य के स्वभाव व्यवहार, गुण, जीवन की शुद्धता का प्रतीक भी बन जाता है। इस तरह सभी मजहबों में वस्त्र पहनना जीवन की सबसे निचली विशेषता नहीं है

उसे जीवन की सबसे उच्च विशेषता अर्थात हिन्दू होना, ईसाई होना, मुस्लिम होना, सिख होना प्रभावित करता है। इसलिए भोजन, वस्त्र समाज की पहचान व संस्कृति का प्रतीक बने हैं। इस तरह मनुष्य के जीवन का उच्च पहचान चाहे वह मजहब के आधार पर हो, चाहे धन, बल के आधार पर हो जीवन के निचले स्तर तक प्रभावित करती है। धनी या निर्धन होना भी उसके जीवन के निचले स्तर अर्थात भोजन वस्त्र की पहचान बनाता है। मनुष्यों के जीवन पर एक स्तर तक कानून व्यवस्था नियम, समाज आपके जीवन की जरूरते पूरी करने के लिए समाज एक स्तर तक कार्य कर सकता है जो जीवन की विविधता को संघर्ष में नहीं बल्कि स्वतंत्रता में बदल देता है या आपको विचारों की विविधता, मजहबों की विविधता, भोजन वस्त्र की विविधता को समाप्त करे बिना आपके जीवन की सभी जरूरते पूरी कर सकता है। यदि यहां पर कोई शक्ति सत्ता आपकी जरूरत पूरी करता है तो वह शक्ति या सत्ता आपको सामाजिक मजहबी आधारों पर एक नहीं कर रही है बल्कि आपकी जरूरतों के हिसाब से अपने को ढाल रही है। यहां पर किसी को शक्ति या धन प्राप्त करने के लिए किसी की पहचान को मिटाना नहीं पड़ता है। जब आप ऐसी सत्ता के अधिन रहते हैं जहां आपके जीवन की निचले स्तर से लेकर उच्च स्तर तक की पहचान को मिटाए बिना एक व्यवस्था का निर्माण करते हैं तो वह स्वतंत्रता है आपके जीवन में निम्न स्तर से लेकर उच्च स्तर तक या जीवन के सभी पक्षों पर कोई न कोई सत्ता काम करती है। संसार के सभी मनुष्यों में एक स्तर तक हिंसात्मक संघर्ष समाप्त हो गया है। या कर दिया गया है। जहां तक मनुष्य के जीवन को निजी बनाया गया या मनुष्य के जीवन की कितनी गतिविधियां निजी हैं जहां वह बाहरी दबाव के बिना अपनी स्वतंत्रता का प्रयोग कर पाता है। इसमें जीवन के प्रचन स्तर आधार को देखेंगे। जिस तरह व्यक्ति का भोजन वस्त्र चाहे समाज का उच्च पहचान उसे निर्देशित करती है। यहां आपकी स्वतंत्रता पर चाहे ऊपरी बंधन तो हो सकता है पर यह आप के ऊपर आंतरिक बंधन नहीं है। भोजन या वस्त्र को लेकर आपकी स्वतंत्रता पर आंतरिक बंधन नहीं है। यहां पर आप एक ही रंग के अलग-अलग डिजाइन ले सकते हैं। या एक ही डिजाइन में अलग-अलग रंग ले सकते हैं। यहां पर आपके वस्त्रों पर पसंद को निजी बना दिया गया है। इसी तरह आपके जीवन में निचले स्तर वस्त्र भोजना या अन्य उपकरणों साधनों में हजारों तरह के विकल्प उत्पन्न किए है जो आपके जीवन को निजी बनाते हैं। इसी तरह एक समाज का संगठन भी एक पिरामिड की तरह होता है समाज को अपनी पहचान होती है समाज पहले एक मनुष्यों का समूह है। समाज अपने जीवन में उच्च स्तर लेकर निम्न स्तर तक कुछ आर्थिक, सामाजिक, धार्मिक गतिविधियां करता है। नीचे के आधार पर उच्चता खड़ी होती है। समाज अपनी पूर्णता के साथ बंधा होता है। जिस तरह किसी घर की ऊपरी मंजिल निचली पर खड़ी होती है और अंतिम रूप में नींव पर खड़ी होती है और अंतिम रूप में भूमि पर खड़ी होती है। इस प्रकार समाज मनुष्यों को एक स्तर तक खड़ा करता है। जीवन को कितनी व्यापक व विविधतापूर्ण रूप में वह समाज शामिल कर सकता है यह समाज की आंतरिक व बाहरी क्षमता है। समाज की व्यापकता इसमें है कि व्यक्ति अपने जीवन को बाहरी बंधनों के बिना जीवन में कितनी व्यापक स्तर पर गुणों, कलाओं, क्षमताओं को विकसित

कर पाता है। आध्यात्मिकता या शरीर में आत्मा या परमात्मा की खोज, योग भी, ध्यान, समाधी आदि को समाज का एक गुण है। जो व्यक्ति को इस प्रक्रियाओं के साथ जोड़ता है।

जब व्यक्ति किसी विचार, मजहब के कारण किसी एक समूह में बंध जाते हैं तो मनुष्यों के जीवन पर बाहरी नियंत्रण हो जाता है। चाहे वे किसी मजहबी विचार जैसे ईसाई, मुस्लिम हो सकता है। या साम्यवाद जैसे विचार धारा हो सकती है। यहां पर समाज समूह व्यक्ति की स्वतंत्रता का समूह नहीं है। क्योंकि वह समाज पहले ही किसी विचार, मजहब या व्यवस्था में बंध गया है। यहां पर व्यक्ति पूर्ण स्थापित व्यवस्था में जन्म लेता है। इस प्रकार की व्यवस्थाओं की स्वतंत्रता की निश्चित सीमा होती है। व्यक्ति को उस व्यवस्था के सदस्य के रूप में रहना पड़ता है। यहां व्यक्ति की स्वतंत्रता सीमित हो जाती है। इस प्रकार लोकतंत्र किसी बाहरी विचार मजहब में बंधा हुआ मनुष्य का समूह नहीं है बल्कि लोकतंत्र मनुष्यों का एक ऐसा समूह है जहां मनुष्य का समूह (समाज) जीवन को उन बाहरी बंधनों से मुक्त कर के मनुष्य के भीतर अपनी क्षमता व सीमा के अनुसार जीवन को उस स्वतंत्रता तक विकसित होने की स्वतंत्रता प्रदान करे जो स्वतंत्रता मनुष्यों ने मनुष्यता के संपूर्ण क्षमता के रूप में विकसित की है जो न केवल शरीर से मन से बुद्धि से बल्कि आंतरिक स्वतंत्रता, आध्यात्मिकता, योग ध्यान आदि प्रक्रियाओं को विकसित करने की स्वतंत्रता दे अर्थात लोकतंत्र मनुष्य का संसार के सभी मनुष्य के साथ मनुष्यता का संबंध स्थापित करने में है संसार के सभी मनुष्यों ने अपने अंदर कुछ गुण, कलाओं, ज्ञान विज्ञान, तकनीक को उत्पादों व उपकरणों को विकसित किया है जिनका लाभ मनुष्य सिर्फ मनुष्य होने के नाते ले सकता है इससे क्या फर्क पड़ता है कि व्यक्ति का क्या मजहब है, क्या रंग है। हर मनुष्य संसार के हर मनुष्य का सहयोगी हो सकता है एक मनुष्य दूसरे की स्वतंत्रता को बड़ा सकता है। संसार के मनुष्य मजहबों संस्कृतियों के नाम अनेक समूहों में बंट हैं जो जीवन को उच्च स्तर पर तो बांधते हैं परंतु निम्न स्तर पर भी एक पहचान विकसित करते हैं जिसका उद्देश्य समूह को एक अलग पहचान के रूप में बनाए रखना है जिसके द्वारा एक शक्ति संगठन का निर्माण किया जा सके। सांसारिक रूप में सभी मनुष्य काफी हद तक एक हो चुके हैं। सांसारिक रूप में सभी मनुष्य के एक भाषा, एक पहनावे में एक ईश्वरीय विचार में ढालने की जरूरत नहीं है। जीवन को एक निजी स्वतंत्रता के साथ जीने की भावना को स्वीकार करना है। उच्च स्तर का बंधन ही जीवन में निजी स्तर का बंधन भी उत्पन्न करता है। इसलिए हिन्दू होना, ईसाई होना, मुस्लिम होना यह केवल एक ईश्वरीय कारणों से नहीं है बल्कि पहचान के तौर पर अर्थात निम्न स्तर पर भी हिन्दू, ईसाई, मुसलमान होता है। और यह स्वाभाविक है क्योंकि जीवन का उच्च स्तर निम्न स्तर को प्रभावित करता है और निम्न स्तर पर ही उच्च स्तर खड़ा होता है। आज का मनुष्य शरीर के स्तर पर संसार के सभी मनुष्यों के साथ जुड़ गया है और एक मनुष्य दूसरे मनुष्य से सहयोग पूर्ण कुछ गतिविधियां कर पाया है। कुछ इस तरह कि व्यवस्थाएं कार्य कर रही है जैसे आर्थिक व्यवस्था, सूचना व परिवहन व्यवस्था जिसने संसार के मनुष्यों को एक किया है। ये व्यवस्था जीवन को एक स्तर तक संघर्ष को समाप्त कर पाए हैं। संघर्ष को समाप्त करने का यह अर्थ नहीं है कि सभी प्रकार की विविधताओं सामाजिक

मजहबी, सांस्कृतिक को समाप्त करके जीवन के सभी स्तरों पर मनुष्यों को एक करना नहीं है। बल्कि इन व्यवस्था में अपने को समाज के अनुसार ढाल लिया है। परंतु जीवन उच्च स्तर पर एक नहीं हो पाया है क्योंकि उच्च स्तर न केवल पहचान का सामूहिक संगठन है बल्कि यह संगठन पारलौकिक सत्ता से भी जोड़ता है जिस कारण यह एक मजहब के रूप में स्थापित हो जाता है और अपने समूह के अंदर अनेक गतिविधियों को जन्म देता है जो इस मजहब की पहचान बनती है। यह पहचान संगठन जीवन को उच्च स्तर से लेकर निम्न स्तर तक निर्देशित करता है। जो समूह की संपूर्णता के रूप में सामने आता है। समूह चाहे जानवरों का हो चाहे मनुष्य का चाहे मजहबों के रूप में वह अपनी रक्षा के लिए किसी स्थान विशेष से जुड़ा होता है अथा़्रत भूमि के किसी क्षेत्र से। इस कारण वह समूह अपने राज्य के साथ बांध लेता है। समूह के रूप में संगठित होने के कारण वह समूह अपने सदस्यों के अधिकार कर्तव्यों स्वतंत्रता में भी बांधता है। यह संगठन अधिकार, स्वतंत्रता संपत्ति भी उत्पन्न करना है। यह संगठन जीवन की सीमा भी है। यह संगठन एक नेतृत्व वर्ग भी उत्पन्न करता है जो आर्थिक, सामाजिक, धार्मिक, राजनीतिक जीवन में उच्च पदों पर (सम्मानजनक) स्थिति में रहते हैं। उस उच्च वर्ग का उस संगठन में निजी लाभ भी उत्पन्न होता है और अंतिम रूप में समूह के सदस्यों को समूह के साथ आर्थिक, सुरक्षात्मक लगाव के साथ भावनात्मक लगाव भी उत्पन्न करता है। समूह समाज चाहे किसी भी स्तर का हो अपने को अपने क्षेत्र विशेष में राज्य के रूप में विकसित करता है आज अधिकतम समाज मनुष्य को विशेष गुणों विचारों के साथ स्वीकार करते हैं। जिस कारण इन समाजों को मनुष्यता के बहुत बडे भाग को अस्वीकार करना पड़ता है। जब कोई समाज मजहब (अर्थात) ईश्वरीय विचार के कारण संगठित होता है तो वह विचार उसके जीवन का आधार भी हो जाता है और शिखर भी। और वह जीवन को कुछ गतिविधियों व नियमों में बांधता है। वह समाज मनुष्यों का एक ऐसा समूह बनाता है जो जीवन को कुछ विशेष पहचान के साथ बांधता है। इसके कारण वह समूह अपने को अन्य मनुष्यों से अलग कर लेता है इसके दो परिणाम होते हैं। वह समाज अन्य मनुष्यों के रूप में अस्वीकार करता है दूसरा उनके साथ संबंधों को परिभाषित करता है। इस कारण यही आधार सामाजिक मजहबी राजनीतिक संघर्ष का कारण बनते हैं। और यह संघर्ष वास्तव में सामूहिक होते है पहचान से जुड़े होते हैं। विश्व स्तर पर होने वाले संघर्ष मजहबों सभयताओं व संस्कृतियों के संघर्ष है। इन मजहबों ने जीवन को तो संकुचित दायरे में बांध दिया है परंतु जनसंख्या के बहुत बड़े भाग को अपने में बांधा है। जनसंख्या के बहुत बड़े भाग के कारण से समूह एक मजबूत आर्थिक व सैनिक शक्ति का निर्माण करते हैं। वह ईसाईयत, इस्लाम के नाम पर एक लंबे समय से जनसंख्या के बहुत बड़े समूहों को खड़ा किया और धर्म के नाम पर अनेकों बड़े संघर्ष किए। इन मजहबों के कारण यह समूह न केवल बाहरी संघर्ष में गए बल्कि इन समूह से जुड़े हुए मनुष्यों ने मजहब के आधार पर आंतरिक आतंक को भी सहा है। इन समाज ने व्यक्ति के जीवन एक विशेष सीमा तक बांध दिया जिससे इन समाज में व्यक्ति के जीवन को मजहबों के अधीन कर दिया। व्यक्ति की व्यक्तिगत स्वतंत्रता को नष्ट किया। दूसरे मतों कि खिलाफ संघर्ष के लिए खड़ा हुआ। आंतरिक कट्टरता व

बाहरी कट्टरता उत्पन्न की। इसलिए इन पहचान समूहों ने समूह के विरूद्ध समूह के युद्ध का कारण बने है। यदि समूहों में संघर्ष है तो सभी समूहों ने मिलकर एक समूह के रूप में क्यों नहीं आए। प्रथम हर समूह अपनी एक पहचान बनाता है जो उसको अन्य से अलग करना चाहता है। जब एक समूह के सदस्य दूसरे समूह क सदस्य बनता होता है तो उसे अपनी पहली पहचान को मिटाना पड़ता है। एक मजहब से दूसरे में जाने से पहले अपनी पहचान को मिटाना पड़ता है और यह इतनी शुद्ध है कि व्यक्ति की मृत्यु के समान होगी और दूसरे मजहब में जाना एक नए जन्म की तरह होगा। दूसरा कारण यह है कि ये समूह शक्ति संगठन बनाते हैं जो आर्थिक पद से लेकर सामाजिक सम्मान के पद से लेकर राजनीतिक पदों का निर्माण भी करते हैं। जिस कारण समाज में एक प्रभावशाली वर्ग खड़ा हो जाता है जिसका हित उस समूह से जुड़ जाता है। इसलिए वह वर्ग उस समूह की रक्षा करता है और भावनात्मक तौर पर भी बांधता है। तीसरा कारण ऐसे समूहों में बंधन का कारण यह है कि हम अभी तक जीवन को पूर्णता के साथ स्वीकार नहीं कर पाए जीवन को पूर्णता से न समझ सके। चौथा कारण यह है कि अभी तक हमने सभी मनुष्यों को एक ऐसा सामाजिक, आर्थिक, सांस्कृतिक, धार्मिक संगठन नहीं दे पाए हैं जो जीवन की पूर्णता को अपने में समाहित कर पाए और व्यक्ति के व्यक्तिगत जीवन की पहचान को बनाए रखे व्यक्ति अकेला होते हुए भी समाज का सदस्य हो। एक ऐसा समाज जहां पर सामाजिक धार्मिक गतिविधियां भी व्यक्ति उसी स्वतंत्रता से कर सके जिस स्वतंत्रता से वह आर्थिक गतिविधियां करता हो। एक समाज व्यक्ति के लिए कितनी स्वतंत्रता उत्पन्न करता है या उसे कितने अधिकार देता है। जीवन को किस स्तर तक व्यवस्थित कर सकता है। जीवन को कितने स्तरों पर खड़ा किया है। जीवन को कितनी व्यापकता के साथ स्वीकार करता है। इसके लिए हमें बहुत से समाजों का अध्ययन करना पड़ेगा।

हिंदू समाज

इस ब्रह्मांड में हर तत्व, जीवन का हर रूप उस पूर्णता का हिस्सा है। इस संसार में जीवन का हर रूप पूर्णता से ही पैदा होता है। पूर्णता में विकसित होता है। पूर्णता में ही समाप्त हो जाता है। इस प्रकार कुछ पैदा होना, बढ़ना, समाप्त होना प्रकृति की ही एक प्रक्रिया है। हमारा जीवन प्रकृति में ही पैदा होता है। उसी में फैलता है, उसी में समाप्त हो जाता है। इस प्रकार हमारा जीवन प्रकृति ही है। पूर्णता का होना ही पूर्ण है। ब्रह्मांड के सभी रूप चाहे वह किसी भी रूप में बंधे हों। चाहे वह छोटे हों, बड़े हों। बड़े उस पूर्णता का एक के रूप में है। प्रकृति भी पूर्ण है। उस प्रकृति में होने वाले परिवर्तन उस पूर्णता का ही हिस्सा हैं। जीवन का चाहे कोई भी रूप हो, छोटा या बड़ा, जल में या थल में अपने आप में पूर्ण है। क्योंकि पूर्णता ही जीवन उत्पन्न करती है। कोई जीव अपने जीवन किस स्तर तक जीता है यह उस जीवन की सीमा है। पूर्णता का अर्थ जीवन के हर रूप को स्वीकार करना है। जीवन से जुड़े सहयोग, संघर्ष को जीवन का हिस्सा समझना है क्योंकि सहयोग संघर्ष प्रकृति ने उत्पन्न किया है। आपका जन्म भी पूर्णता का हिस्सा है। मृत्यु भी पूर्णता का ही हिस्सा है। जन्म होना या मृत्यु एक प्राकृतिक घटना है। प्रकृति की हर घटना पूर्णता में घटित होती है। जीवन भी प्रकृति का हिस्सा है। आप कितनी सीमा तक इसे अपना बना सकते हैं। यह आपकी क्षमता है। शरीर के बाहर घटने वाली घटना व शरीर की आंतरिक घटनाएं भी प्राकृतिक हैं। इसलिए आप कर्ता प्रतीत होते हुए भी कर्ता नहीं हैं। आप कर्ता नहीं होते हुए भी कर्ता हैं। आप अंदर होते हुए भी बाहर हैं, बाहर होते हुए भी अंदर हैं। न आप आंतरिक हैं ना बाहरी। पूर्णता का अर्थ होने में है न कि जानने में। जानने की सीमा होती है। जिस तरह सत्य सत्य होता है। सत्य को जानना या न जान पाना हमारी अपनी समझ है। हमारी न जानने से सत्य असत्य नहीं हो जाता। प्रकृति स्वाभाविक रूप में हर जीवन को पैदा करती है। उसका पालन करती है व उसका अंत करती है। जीवन स्वाभाविक तौर पर अपने अस्तित्व के लिए वातावरण उत्पन्न करता है। वातावरण जीवन को एक स्तर पर बांधता है जो बंधन उत्पन्न करता है। बंधन स्वाभाविक तौर पर जीवन में गुण, क्षमता, ज्ञान उत्पन्न करता है। प्राकृतिक वातावरण जीवन को बहुत सी रूपों में बांधता है। जीवन के हर रूप की विशेषताएं उत्पन्न करता है। जो जीवन को व्यापकता व संकुचितता में बांधता है। इस प्रकार कैसा भी वातावरण, जीवन का कोई भी रूप, जीवन का गुण, क्षमता, ज्ञान, विशेषताएं जीवन में सहयोग

व संघर्ष उस पूर्णता का अंश है। आप इस प्रकृति में किसी भी रूप में, किसी भी सीमा में, किसी भी विशेषता में, किसी भी स्तर पर रहते हैं उस पूर्णता का अंश है। जीवन चाहे कितना भी व्यापक हो वह भी पूर्णता का हिस्सा है या पूर्णता हो सकता है। चाहे कितना भी संकुचित हो वह भी पूर्णता का हिस्सा है। संकुचितता भी जीवन की सीमा है और जीवन अपने आप में पूर्ण है। पूर्णता पूर्ण होती उसमें ना कुछ घटा सकते हैं ना बढ़ा सकते हैं। पूर्णता पूर्ण है। ब्रह्मांड में घटने वाली हर घटना परिवर्तन, विकास, विनाश उस पूर्णता का हिस्सा है। सब कुछ पूर्णता में घटता है, पूर्णता में बढ़ता है। पूर्णता में ना कुछ बढ़कर बढ़ता है न घटकर घटता है। हमारा जीवन भी प्रकृति चक्र का हिस्सा है। सब कुछ पूर्णता का हिस्सा और पूर्ण है। संकुचितता भी पूर्ण का हिस्सा है क्योंकि वह पूर्ण से पैदा हुआ है। पूर्ण में है और पूर्ण में नष्ट होगा। संकुचितता होना जीवन की सीमा है। जीवन की पूर्णता सत्य में है। यह जन्म मृत्यु के साथ भी है, मुझ से परे भी है। यह जानने में भी, ना जानने में भी है। जन्म से पहले भी है, मृत्यु के बाद भी है। यह ज्ञान में भी है, अज्ञान में भी है। यह शरीर की सीमा में भी है, शरीर की सीमा के बाहर भी है। पूर्णता जीवन के साथ भी है, जीवन से परे भी। यह स्थिरता में भी है, अस्थिरता में भी है। यह संयोग में भी है संघर्ष में भी। शांति में भी, युद्ध में भी। हार में भी, जीत में भी। बंधन में भी, मुक्ति में भी।

व्यापकता: जिस तरह जीवन की पूर्णता सिर्फ होने में है उसी प्रकार जीवन की व्यापकता उस जीवन के साथ जुड़ी है जिस जीवन की हम पहचान होते हैं। यह जीव की जीव के रूप में, मनुष्य की मनुष्य के रूप में, समाज की समाज के रूप में, मजहब की मजहब के रूप में, धर्म की धर्म के रूप में। इस प्रकार जीवन की व्यापकता शरीर के साथ तथा शरीर से जुड़े सभी भौतिक मूल्यों, संपत्ति में है अर्थात जीवन कितना व्यापक है यह इस बात पर निर्भर है कि हमने इस जीवन रुपी शरीर को किस स्तर तक पहुंचाया है और शरीर को जीवन स्तर पर कितना विकसित किया है जीवन की व्यापकता यह बताती है कि हमने स्वतंत्रता को किस स्तर तक विकसित किया है। जिस तरह शरीर के लिए जीना भी धर्म है, शरीर की रक्षा करना भी धर्म है। शरीर से संपत्ति की रक्षा भी धर्म है। स्वतंत्रता के अधिकारों की रक्षा भी धर्म है। सत्य व न्याय के लिए लड़ना भी धर्म है। इनके लिए मरना भी धर्म है। जीवन की व्यापकता मात्र शरीर से है।

जीवन क्या है इसके बारे में हम शरीर से ही जानते हैं। जीवन शरीर केंद्रित है। जीवन का हर रूप शरीर के रूप में प्रकृति का एक हिस्सा है। प्रकृति का एक हिस्सा होने के कारण वह अपने वातावरण में बंधा है। जीवन पूर्णता का हिस्सा होने के साथ अपने में व्यापक भी है, संकुचितता, पूर्णता के साथ व्यापक भी है क्योंकि अंतिम रूप में जीवन संकुचितता के बाद व्यापकता से भी शासित होता है। किसी के बड़ा होने के कारण भी छोटे का आभास होता है। और छोटे के कारण बड़ा होने का। जीवन के विभिन्न रूपों में तुलना का कोई अर्थ नहीं रह जाता है। मनुष्यों का अन्य प्राणियों से तुलना तो कर सकते हैं, परंतु इसका कोई अर्थ नहीं है। जो इस जीवन की विशेषताओं को जीवन के विभिन्न रूपों के साथ समझते हैं वह जीवन की विविधता को स्वीकार करते हैं। इस

प्रकार जीवन की व्यापकता की तुलना मनुष्यों के समूह की तुलना है। हम मनुष्य से मनुष्यों के संघर्ष को ही न्यायपूर्ण या अन्यायपूर्ण कह सकते हैं। जीवन की व्यापकता जीवन को उच्चता की ओर ले जाती है। हिंदू समाज की दूसरी सबसे बड़ी विशेषता यह है कि इस समाज ने जीवन को पूर्णता तथा व्यापकता के साथ स्वीकार किया है। जीवन चाहे किसी भी रूप में हो, जीव जीव होने के नाते एक संबंध रखता है। जीव ही जीव के जीवन का आधार है। जीव चाहे किसी भी रूप में हो उसी प्रकृति का पुत्र है जिसको माता के रूप में स्वीकार किया है। इस नाते है कि जीव प्रकृति का पुत्र है। वही जीवन देती है, पालन करती है। इस प्रकार जीव से जीव का संबंध सहयोग व संघर्ष आंतरिक हो जाता है। हिंदू के रूप में मनुष्य जीवन पाना हर जीवन उसी पूर्णता से उत्पन्न होने वाला है। पूर्णता में रहने वाला पूर्णता में ही समाप्त होने वाला है। इस प्रकार हम प्राणी मात्र होने से हर प्राणी के साथ संबंध है। प्रकृति पूर्णता से उत्पन्न हुई है।

समाज की व्यापकता का अर्थ है मनुष्यों को मनुष्य के नाते समाज का हिस्सा माने। मनुष्य को किसी भी तरह समाज से अलग नहीं किया जा सकता है। रंग, नस्ल, मजहब, धर्म, संस्कृति के भेद के कारण भी मनुष्य मनुष्य के नाते समाज का हिस्सा है। चाहे मनुष्यों में आपसी कितने भी मतभेद हों वह प्रथम व अंतिम रूप में समाज का हिस्सा है। जीवन की विविधता मनुष्यों में आंतरिक विविधता है। यह प्रकृति उत्पन्न करती है। चाहे यह भिन्नता रंग के आधार पर हो, नस्ल के आधार पर, भाषा, पहनावा, धार्मिक मत यह मनुष्यों के आंतरिक पहचान है। और इसकी आधार में प्राकृतिक शक्ति होती है जो मनुष्यों को किसी वातावरण विशेष में बांधती है। जो स्वाभाविक तौर पर मनुष्यों में आंतरिक विविधता उत्पन्न करती है। अंतिम रूप में सभी मनुष्य उस व्यवस्था के हिस्सा हैं जो मनुष्य ने अपने लिए बनाई है। हर समाज की विशेषता होती है वह किस स्तर पर मनुष्यों को बांधता है। कुछ समाज रंग या नस्ल के आधार पर बांध देते हैं। जैसे साम्यवाद या समाजवाद, कुछ मजहब के आधार पर जीवन की पूर्णता को मजहब के नियमों में बांध देते हैं जैसे ईसाई मत, इस्लाम। यह बंधन वास्तव में बाहरी बंधन है जो जीवन को एक कठोर बंधन में बांधती है। यह समाज मनुष्य को मनुष्य के रूप में स्वीकार करने की क्षमता नहीं रखते। कुछ समाज तो जीवन के निचले स्तर पर ही किसी को अस्वीकार कर सकते हैं। बाहरी बंधनों में जीवन आंतरिक नहीं रह जाता है क्योंकि यह समाज, मजहब के कठोर नियमों में बंधे रहते हैं। यह मनुष्य के जीवन की व्यापकता को समाज का हिस्सा नहीं बना पाते हैं इसलिए इन्हें समाज कहना भी उचित नहीं है। ये विशेष प्रकार के नियमों में बंधे मनुष्यों के समूह हैं जो अन्य को अस्वीकार करते हैं और यह पहचान उच्च बन जाती है और और उच्च होते हुए भी उच्च नहीं रह जाती है क्योंकि यह पहचान उस समूह के सदस्यों की सबसे निचले स्तर की गतिविधियों को भी बांध देती है जिस कारण उस समाज के सदस्यों का व्यक्तिगत जीवन भी व्यक्तिगत नहीं रह पाता। यहां भाषा, पहनावे, भोजन, साहित्य के स्तर पर भी जीवन बांधा जाता है, बाहरी बंधन बाहरी होता है, उच्च स्तर से लेकर निचले स्तर तक यहां पर जीवन बंधन बन जाता है। सांस्कृतिक बंधन, आंतरिक होता है, उच्च स्तर से लेकर निचले स्तर तक यहां पर जीवन व्यक्तिगत बन जाता है और जीवन स्वतंत्र बन जाता

है जो वस्तु अपने स्वाभाविक स्थिति में नहीं होती है उसे स्थिर रखने के लिए बाहरी शक्ति का प्रयोग किया जाता है, जो समूह जीवन को स्वाभाविक स्थिति में नहीं होते उन समूहों को बनाए रखने के लिए बाहरी सत्ता के अधीन किया जाता है। जो मनुष्यों के समूह, रंग, नस्ल, मजहब के आधार पर बटे होते हैं। उन समूहों में मनुष्य मनुष्य का विरोधी हो जाता है और यह समूह मनुष्य को मनुष्य के रूप में स्वीकार नहीं कर पाते। इसका कारण यह है कि यह समूह मनुष्य को मनुष्य के रूप में नहीं मान पाए हैं। इन समूह ने मनुष्य को कुछ विशेष पहचान व विश्वासों के साथ स्वीकार किया है। यह समूह बाहरी संघर्ष तो उत्पन्न करते ही हैं आंतरिक संघर्ष भी पैदा करते हैं। हिंदू समाज एकमात्र ऐसा समाज है जिसने जीवन की व्यापकता को अपने में समाहित कर लिया है। इस समाज में मनुष्य का अच्छा होना, बुरा होना यह जीवन की निजी विशेषता है। हिंदू समाज ने मनुष्य को उस व्यवस्था के एक सदस्य के रूप में देखा जिसने मनुष्य को एक व्यवस्था के रूप में बांधा है। समाज मनुष्यों का वह समूह है जो व्यक्तिगत स्तर पर किसी भी मत, विचार, पंथ, मजहब होने के बाद भी एक व्यवस्था के रूप में कानून व्यवस्था को स्थिर कर सकता है।

समाज की व्यापकता का अर्थ है मनुष्य को समाज का हिस्सा बनाने के लिए किसी विशेष विचार, पंथ, मजहब में ढाले मनुष्यों को मनुष्य के नाते समाज का हिस्सा है। इसका अर्थ मनुष्य को किसी मत या मजहब, पंत में ढालना ही नहीं बल्कि किसी मत, विश्वास, मजहब, पहचान नष्ट करना भी नहीं है। जब व्यक्ति किसी बाहरी बंधन से शासित होता है तो वह बंधन ही तय करता है कि व्यक्ति कितनी स्वतंत्रता का प्रयोग कर सकता है। हिंदू समाज ने मनुष्य के जीवन को उस ईश्वर पर केंद्रित नहीं बनाया जो जीवन से दूर है। बल्कि समाज को मानव केंद्रित बनाता है। मानव केंद्रीय समाज होने से मनुष्य स्वयं ईश्वर केंद्रित हो जाता है। सिर्फ मनुष्य ही ईश्वर केंद्रित नहीं रह जाता परंतु पूर्णता ही ईश्वर हो जाता है। ईश्वर ही पूर्णता हो जाता है। मानव केंद्रित समाज होने के नाते मानव के रूप में संपूर्ण मानवता का एक हिस्सा हो जाता है। मनुष्य मनुष्य के रूप में उत्तरदायी होता है ना कि उसके धार्मिक विचार के कारण उसका उत्पीड़न होता है। हिंदू समाज मानव केंद्रित होने के कारण इस समाज ने सभी मनुष्यों को इस समाज का हिस्सा बना दिया है। हिंदू समाज जीवन को सामूहिकता के रूप में इस प्रकार बांधता है कि हर एक व्यक्ति अकेले के रूप में बंधा होता है। सामूहिकता के साथ बंधकर भी व्यक्ति का स्वतंत्र व्यक्तित्व। मनुष्य का ज्ञान, कर्म, आदर्श, जीवन का स्तर, उस मानव जीवन की पूर्णता के रूप में देखा जाता है। राम, कृष्ण, बुद्ध, महावीर, का जीवन संपूर्ण मानवता के लिए जीवन का एक स्तर बन जाता है। यह एक व्यक्तिगत जीवन की ऊंचाई है। जिसको मनुष्य मनुष्य होने के नाते जान सकता है। यह मानव जीवन की संपूर्णता की ऊंचाई है जो आज तक मनुष्य ने मनुष्य होने के नाते प्राप्त की है। प्रकृति पूर्णता से उत्पन्न हुई है इसलिए जीवन भी पूर्ण है। हर विचार, व्यवहार, मत पूर्णता से उत्पन्न हुआ है।

हिंदुओं के लिए पूर्णता ही जीवन नहीं है बल्कि जीवन भी पूर्णता है। जीवन की पूर्णता को जान पाने के बाद जीवन का हर रूप उस पूर्णता का हिस्सा हो जाता है। मनुष्य चाहे किसी भी विचार, मत, मजहब को लेकर इस संसार में रहता है अंतिम रूप में वह उस पूर्णता में ही उत्पन्न होता है।

पूर्णता में ही दीक्षित होता। पूर्णता में समाप्त हो जाता है। जिस पूर्णता को कृष्ण, बुद्ध, महावीर ने समझा है। ईश्वर कोई बाहरी विचार या दूरी नहीं रह जाता है वह इतना एकसार हो जाता है जैसे पानी में पानी का मिलना। इस कारण हिंदू समाज अपने अंदर इतनी विविधताएं चाहे वह निचले स्तर पर हो, चाहे वह उच्च स्तर, ईश्वरीय आध्यात्मिक स्तर पर हो, विकसित, समाहित कर पाता है। ना तो निजी स्तर पर किसी प्रकार के संघर्ष का कारण बना है ना उच्च स्तर पर। हिंदू समाज ने जीवन को इतनी पूर्णता के साथ अपने में समाहित किया है। इस समाज ने आंतरिक रूप से बहुत से मत, विचार, पंत पैदा किए। ईश्वर को व्यापक स्तर पर जाना अनुभव के द्वारा। बाहर से भी विभिन्न धार्मिक मत समाज में समाहित हो गए पर ये वास्तव में पूर्व का ही प्रभाव था। इस प्रकार इस समाज में मजहबी युद्ध की संभावना समाप्त हो गई। जिस समाज में मनुष्य को मनुष्य के नाते बांधे रखा हो। उस समाज में जीवन की सभी पहचान, गुण, मूल्य व्यक्तिगत हो जाते हैं। जीवन के उच्च स्तर को प्राप्त किए मनुष्य पूजनीय हो जाते हैं। इस प्रकार हिंदू समाज ने न केवल उन मतों को समाहित किया जो इस समाज में विकसित हुए हैं परंतु उन मतों को भी समाज का हिस्सा बनाया जो बाहर से आए हैं। इस प्रकार एक अर्थ में ईसाई, मुसलमान भी इस समाज का हिस्सा हो जाते हैं। बौद्ध, जैन, सिख तो इस समाज का हिस्सा हैं ही।

जीवन में निम्न स्तर से लेकर उच्च तक विविधता समाज की आंतरिक विशेषता होती है। यह उस एकता के विरुद्ध नहीं होती जो मनुष्यों के बीच मनुष्य होने के नाते होती है। और यह उस पूर्णता के विरुद्ध भी नहीं होती। जीवन की विविधता वास्तव में समाज की आंतरिक विशेषता है जिसे मनुष्य ने उत्पन्न किया है। जीवन की विविधता ज्ञान, धन, गुण, शक्ति के रूप में उस पूर्णता के विरुद्ध भी नहीं होती जिसने पूर्ण को अपने में समाहित किया है। कुछ समाज ऐसे होते हैं जो जीवन के उच्च स्तर पर तो बांधते हैं पर निचले स्तर पर भी जीवन की पसंद नापसंद को समाप्त कर देते हैं जो समाज उच्च स्तर पर कट्टर होता है। जो समाज आंतरिक तौर पर कट्टर होता है वह बाहरी तौर पर भी कट्टर होता है। अगर हम हिंदू समाज का अध्ययन न्याय पूर्ण ढंग से करें तो पाएंगे की इस समाज में न तो उच्च स्तर पर कट्टरता है जैसे ईश्वरीय सत्ता, विचार, मत को लेकर, निम्न स्तर पर की पहचानों को लेकर इस कारण यह समाज जीवन की विविधताएं, गुण, मूल्य, विचार उत्पन्न कर पाया है। न इस समाज में आंतरिक कट्टरता है न बाहरी कट्टरता। वास्तव में इस समाज के लिए कोई बाहरी समाज है ही नहीं। इस कारण यह समाज बाहरी बंधनों के बिना जीवन को व्यक्तिगत बना पाया है। ईश्वर को जानना, उसकी उपासना करना, उसको प्राप्त करना यह एक आंतरिक समझ का विषय है। ईश्वर के विचार की समझ को बाहरी शक्ति, राजनीतिक व सैनिक शक्ति के रूप में नहीं बदला जिस वजह से इस समाज ने धार्मिक युद्ध नहीं लड़े। हिंदू समाज ने जीवन के उच्च स्तर से लेकर निम्न स्तर तक को अपने में एकसार किया है। यदि सही अर्थों में इस जीवन की उच्चता देखनी है तो हिंदू के रूप में राम, कृष्ण, बौद्ध, महावीर के रूप में ही देख पाएंगे। हिंदुओं के लिए पूर्णता भी जीवन की पूर्णता है। इसलिए ब्रह्मांड का हर तत्व परिवर्तन, प्रकृति, स्थिरता, अस्थिरता, सहयोग, संघर्ष आंतरिक हो जाता है। आप जन्म मृत्यु से परे हो जाते हैं क्योंकि जन्म, मृत्यु उसी

पूर्णता में घटने वाली आंतरिक घटना है। इस समाज का उच्च स्तर आध्यात्मिक है, ईश्वरीय है। यह समाज आस्तिक व नास्तिक मतों के अनुसार समान रूप से अपनी समय के अनुसार बंधा है। इस समाज के पास उच्च स्तर हिंदू साहित्य, वेदों, पुराणों, उपनिषदों, नीतियों, स्मृतियों, रामायण, महाभारत, भागवत गीता, बौद्ध साहित्य, जैन साहित्य के रूप में गुरुओं की वाणी के रूप में विशाल धार्मिक साहित्य है। यह सभी यथार्थ जीवन को व्यवस्थित ढंग से बिताने की बात करते हैं, इसलिए धार्मिक होना इसी जीवन से जुड़ा है। यहां मृत्यु के बाद कि नहीं बल्कि अभी की स्थिति है। जीवन के उच्च स्तर पर सभी, मनुष्यों और मजहबों को अपने अंदर बांध लेता है। इस कारण बौद्ध, जैन, सिख अलग मत प्रतीत होते हुए भी इसी समाज का हिस्सा हैं। इसके बढ़ने से इस समाज की आंतरिक विशेषता है। क्योंकि यह समाज के अंदर ही पैदा हुए हैं। जिस तरह किसी मत या विचार के पैदा होने का कारण होता है उसी तरह कोई मत या विचार या मजहब के समाप्त होने के भी स्वाभाविक कारण हो सकते हैं। यदि सारे भारतीय बौद्ध हो जाते हैं या जैन हो जाते हैं या आस्तिक हो जाते हैं या नास्तिक हो जाते हैं तो यह इस समाज की आंतरिक घटना, परिवर्तन है। यहां पर किसी प्रकार की हिंसा की जरूरत नहीं होगी क्योंकि बुद्ध भी और महावीर भी इसी समाज में पैदा हुए हैं। और इन मतों में संघर्ष होता है तो भी यह भी इस समाज की आंतरिक घटना होगी। कोई समाज किस स्तर पर आंतरिक संघर्ष करता है या बाहरी संघर्ष में जाता है। यह उस समाज की सीमा है। जैसा पहले भी बताया गया है कि इस समाज में किसी ईश्वरीय विचार, सत्ता, मत को मानना या उससे जुड़ी गतिविधियां करना सामान्य बात है। या आस्तिक होना या नास्तिक होना व्यक्ति की आंतरिक समझ है। बहु ईश्वरवाद वास्तव में एक ही ईश्वर की पूर्णता में उत्पन्न होते हैं जो पूर्ण है। तो इस कारण इस समाज में जीवन की उच्चता भी इतनी व्यापक है कि उच्च स्तर पर अर्थात आध्यात्मिक ईश्वरीय सत्ता को लेकर संघर्ष हिंसात्मक संघर्ष की संभावना नहीं है। इसी प्रकार सिख मत इसी समाज से उत्पन्न हुआ है। उनका अपना ईश्वरीय मत है, धार्मिक गुरु हैं, धार्मिक साहित्य है। धार्मिक गतिविधियां हैं। अपने रीति रिवाज हैं। अपना पहनावा है। अपनी भाषा है। अपनी संस्कृति है। अपनी पहचान है और अंतिम रूप में अपने आप में पूर्ण धर्म है। इतना अलग होने के बाद भी हिंदू, सिख संघर्ष की संभावना नहीं है। इसका प्रथम कारण यह है कि यह समाज हिंदू समाज का हिस्सा है और गहरे अर्थों में इस समाज से जुड़ा है। संघर्ष न होने का दूसरा कारण यह है कि सिख सिख मत से जुड़े व्यक्तियों ने अपने समूह के अंदर जिन विशेषताओं को पैदा किया है हिंदू समाज उन विशेषताओं, पहचानों को अपने में समाहित कर लेता है, यह समाज अपने अंदर कितनी भी पहचानों को चाहे भाषाएं पहचान संस्कृति, ईश्वरीय मतों, मजहबों विचारों के आधार पर हो, सीमा रहित है। इस कारण यह समाज गहरे अर्थों में संसार के सभी मनुष्यों को अपने अंदर एकसार कर पाया है। एक करने का अर्थ यह नहीं है कि जीवन की विविधता को समाप्त कर दिया जाए बल्कि जो जैसा है उसको वैसा स्वीकार किया जाए।

यदि हिंदुओं और सिखों में संघर्ष होता है तो वह शुद्ध राजनीतिक संघर्ष होगा। कानून व्यवस्था को लेकर संघर्ष होगा। और यह पूर्ण तौर पर आंतरिक संघर्ष होगा। यह संघर्ष तभी होगा यदि सिख

अपने को एक अलग राजनीतिक संगठन (शक्ति) मानकर हिंदुओं से संघर्ष करेंगे। हिंदू समाज में यह विशेषता तो है कि वह अपने भीतर कितनी भी विविधताएं, संस्कृति, भाषायी पहचान, मजहब को समाहित कर पाता है। यदि कोई समाज राज्य के रूप में भी संगठित है तो वह सिर्फ समाज नहीं रह जाता वह राज्य भी बन जाता है और राज्य के अंदर यह संभावना नहीं होती है उस राज्य में एक से अधिक राजनीतिक शक्तियां रह सके। जीवन कितने भी स्तर पर विविधता पैदा करता है परंतु यदि व्यक्ति राज्य के रूप में संगठित है तो एक स्तर पर तो हर व्यक्ति को समानता के आधार पर बांधना ही पड़ता है। और वह कानून अधिकारों, न्याय कानून व्यवस्था की समानता है। आर्थिक व्यवस्था, मजहबी विचार किसी समाज में भिन्नता उत्पन्न कर सकते हैं परंतु एक राज्य तभी लोकतांत्रिक कहला पाएगा जब वह इन व्यवस्था से ऊपर उठकर सभी को समान कानून व्यवस्था में बांधेगा। हिंदुओं और सिखों के बीच शत्रुता का न कोई कारण है न इतिहास शत्रुतापूर्ण रहा है। और दूसरा सिखों का सामान्य जीवन। युद्ध का नहीं शांति का प्रतीक है। जिस तरह हिंदू का जीवन है। सिखों के आंतरिक जीवन में मजहबी कट्टरता नहीं है। इस विशेषता के कारण हिंदू सिख एक कानून व्यवस्था का निर्माण कर सकते हैं यह संभावना स्वाभाविक है। इसलिए सिखों को अपने को एक अलग राजनीतिक शक्ति के रूप में न खड़ा होकर हिंदुओं की राजनीतिक सत्ता का हिस्सा है। यदि सिखों में अलग राजनीतिक शक्ति की भावना उत्पन्न होती है तो अपनी पहचान को बचाने के लिए नहीं होगी उसका कारण निजी राजनीतिक सत्ता की लालसा होगी क्योंकि सिखों की अलग पहचान को हिंदुओं से कोई खतरा नहीं है। यदि किसी भी जनसंख्या का बहुमत राजनीतिक तौर पर संगठित हो तो इस संभावना को स्वाभाविक तौर पर नष्ट कर देता है कि कोई अल्पसंख्यक किसी राज्य की एकता अखंडता को नष्ट कर पाए या कानून व्यवस्था को बिगाड़ सकें। हिंदुओं के जीवन की व्यापकता इस तरह है कि वह सामान्य तौर पर संसार को एक कर पाया है। इस कारण हिंदू समाज निम्न स्तर से लेकर उच्च स्तर तक लोकतांत्रिक है।

विस्तारवाद की संभावना ही नहीं है

जिस समाज ने जीवन को उसकी पूर्णता के साथ स्वीकार कर लिया हो, जीवन की अलग-अलग विशेषताओं को निजी मानकर मनुष्य को मनुष्य के समूह के रूप में स्वीकार कर लिया है। जब व्यक्ति की स्वतंत्रता व्यक्ति के स्तर पर है और जीवन में उच्च स्तर से लेकर निम्न स्तर तक लोकतंत्र है तो किसी को हराकर उसे अपने अधीन कर लेने की संभावना नहीं है। जीवन का विस्तार ही विस्तार है। एक मनुष्य तब विस्तार करता है जब वह किसी दूसरे मनुष्य के जीवन को नष्ट करता है। एक विचार दूसरे को नष्ट करता है। एक मजहब दूसरे को नष्ट करता है या अधीन करता है। ईसाइयत, इस्लाम, साम्यवाद जीवन को स्पष्ट नियमों में बांधने का नाम है। इस कारण ये समूह वास्तव में विस्तार की स्थिति में होते हैं। क्योंकि इन विचारों को जीवन को किसी विशेष अवस्था में व्यवस्थित करना होता है। इस्लाम व ईसाइयत जीवन की उच्च स्तर पर व्यक्ति को बांध देते हैं। बंधन तो बंधन होता है चाहे व्यक्ति के पाव बांध दो, चाहे व्यक्ति की वृद्धि को। इस प्रकार के बंधन कभी भी लोकतंत्र नहीं हो पाते हैं। इन बंधनों को जीवन को नष्ट करना होता है। ये बंधन शून्य की स्थिति में रहकर व्यक्ति को कानून व्यवस्था का हिस्सा नहीं बना पाते हैं।

किसी को मजहबी उत्पीड़न करना पड़ सकता है, किसी को साम्यवाद के नाम पर। यहां पर व्यक्ति के जीवन व्यक्ति के रूप में नहीं है बल्कि एक व्यवस्था के रूप में है। शून्य की स्थिति में व्यवस्था का निर्माण करने का कार्य है। जब व्यक्ति पर शासन करने के लिए उसकी पहचान नष्ट किए बिना उस पर कानून की समानता के भाव से शासन करना है। एक ऐसी व्यवस्था जहां व्यक्ति को व्यक्ति के रूप में उसे स्वतंत्रता अधिकारों व कर्तव्यों, कानून व्यवस्था से जोड़ा जाए। इस प्रकार ईसाइयत, इस्लाम, साम्यवाद का शासन अपने आप में साम्राज्यवाद है, साम्राज्यवाद एक जीवन रूप का दूसरे जीवन पर सत्ता है। या एक जीवन रूप को दूसरे जीवन रूप के द्वारा नष्ट करना है। यह मनुष्यों के बीच की आंतरिक संबंध है। शून्य की स्थिति में व्यवस्था का निर्माण करने के लिए सभी मनुष्यों को उनके विचारों को शून्य करने की आवश्यकता नहीं है। इसका अर्थ यह है कि राज्य व्यक्ति के जीवन को शून्य की स्थिति में रखकर न्याय दे। जिस तरह सेक्यूलर होने के लिए अपनी मान्यताओं को नष्ट करना नहीं। अपने जीवन को नष्ट करना नहीं है। अपने धार्मिक पुरुषों को भूलना नहीं है बल्कि जो जैसा है उसको वैसा स्वीकार करना है। हमारा व्यक्तिगत जीवन उच्चता

व नीचता में बंधा होता है। हम अपनी जरूरतों के हिसाब से संबंध बनाते हैं।, पसंद नापसंद को महत्व देते हैं। कानून व्यवस्था मजहबों से ऊपर उठकर न्याय का प्रबंध करती है। सेक्युलर होने के लिए अधार्मिक होने की जरूरत नहीं है। हम अपने जीवन को धर्म के अनुसार पूर्णता से जीना चाहिए। हिंदु शासन किसी भी प्रकार ना तो साम्राज्यवाद का प्रतीक है, न मजहबी कट्टरता का, न लोकतंत्र का विरोधी है। क्योंकि इस शासन को किसी को शासित करने के लिए किसी व्यक्ति के जीवन को नष्ट करने की आवश्यकता नहीं है। निम्न स्तर से लेकर उच्च स्तर तक। उसने जीवन को उसकी व्यापकता के साथ स्वीकार कर लिया है।

हिंदू शासन को कानून व्यवस्था का निर्माण करने के लिए किसी भी मजहब को समाप्त करने की जरूरत नहीं है। ना ही किसी मत, विचार, पहचान को नष्ट करने की जरूरत है, चाहे वह भारत की भूमि पर विकसित हुई है। चाहे भारत में बाहर से आई है। क्योंकि इस समाज ने जीवन की व्यापकता को अपने में समाहित किया है। इसलिए हिंदु शासन व्यक्ति के जीवन में शून्य की स्थिति में होगा। यह सिर्फ कानून व्यवस्था, न्याय, अधिकारों, स्वतंत्रता की रक्षा के लिए होगा। यह शासन व्यवस्था में एक प्रशासनिक व्यवस्था होगी जिसका उद्देश्य न्याय करना, अपराधियों को रोकना, व्यक्ति की जीवन की पूर्णता की रक्षा करना, अर्थात यह शासन न केवल व्यक्ति के निचले स्तर के अधिकारों की रक्षा कर सकता है परंतु न्याय पूर्ण ढंग से सहजता से व्यक्ति के जीवन के उच्च स्तर की रक्षा भी कर सकता है। जैसे उसके धार्मिक, मजहबी पहचान की। इस समाज में हर एक व्यक्ति सम्मान पूर्ण ढंग से अपनी पहचान को जी सकता है। मजहब से जुड़े उन अधिकारों को राज्य कम नहीं कर पाता है। जो व्यक्ति के मृत्यु के बाद व्यक्ति को दिए जाते हैं। लेकिन राज्य के इस तरह के अधिकारों को समाप्त कर सकता है जो मजहब के नाम पर व्यक्ति से व्यक्ति की समानता के विरुद्ध हो। जो पुरुष से पुरुष की समानता, स्त्री से स्त्री की समानता, न्याय, स्वतंत्रता को कम करते हैं। क्योंकि राज्य शून्य की स्थिति में काम करता है। इसलिए उससे मजहब के आधार पर उन अधिकारों को नहीं मांग सकते जो अन्यायपूर्ण हो।

धर्म व अध्यात्म का विस्तार जीवन के उच्च स्तर से लेकर निम्न स्तर तक फैला है। धर्म व अध्यात्म जीवन को एक व्यवस्थित ढंग से जीने का रास्ता बनाते हैं। इस कारण इनका महत्व शरीर से गहराई से जुड़ा है। धर्म, अध्यात्म, योग, ध्यान भक्ति का शरीर से संबंध है। यह सभी प्रक्रियाएं जीवन को उच्च बनाती है। ये शरीर के साथ भी है। शरीर के बाद भी क्योंकि पूर्णता का फैलाव जीवन के साथ भी है और जीवन के बाद भी। जो समाज मजहबी आधार पर राजनीतिक शक्ति का निर्माण करते हैं। उन समाज के धर्मगुरुओं का राजनीति में सीधा प्रभाव होता है। आप देखेंगे कि पोप व चर्च ने लंबे समय तक राजनीति को सीधा प्रभावित किया है। उन्होंने राजाओं की नियुक्ति की और जरूरत पड़ने पर उन्हें धर्म विरोधी कह कर उन्हें पद से हटाया। उनके विरुद्ध विद्रोह तक करवा दिए। पोप व चर्च इतना शक्तिशाली था कि राजनीतिक पदों पर बैठे व्यक्तियों को राज्य तक दे सकता था। जो समाज मजहब के आधार पर जितनी अधिक कठोरता से बंधा होता है उन समाज में राजनीतिक सत्ता भी मजहबी नेतृत्व बनाता है। इसी प्रकार का हाल इस्लामी समाज में

है यहां भी धर्मगुरुओं का राजनीति में सीधा प्रभाव है। यह धर्म गुरु मुस्लिम देशों में तो राजनीति को पूरी तरह प्रभावित करते हैं पर भारत जैसे लोकतांत्रिक सेक्यूलर देश में भी मजहबी आदेश (कानून) लागू कर पाए हैं।

हिंदू समाज में धर्मगुरु को जीवन को धर्म व आध्यात्मिकता से जोड़ने वाला जीवन को नैतिक व अच्छे संस्कार से जोड़ने वाला या जीवन को नैतिक व उच्चता को समझने वाला समझा जाता है। यह समाज की उस शक्ति से दूर रहता है जो संगठित होकर राजनीतिक सत्ता का निर्माण करती है। यद्यपि धर्मगुरु धार्मिक कार्यों में शासक वर्ग का सलाहकार रहा है। उसने राजनीति को उस प्रकार प्रभावित नहीं किया है। जिस प्रकार पोप व चर्च या इस्लामी आदेशों ने किया है। क्योंकि हिंदू धर्म वास्तव में जीवन की एक उच्चता है। हिंदू समाज एक बंधन नहीं है। यह जीवन का महत्व है। यह समाज जीवन के हर आधार पर अपने आप टिका है। किसी को बांधकर नहीं रखा गया है। किसी का ईश्वर में विश्वास उसकी अपनी समझ है। वह आस्तिक भी हो सकता है नास्तिक भी, इसमें अपने मत को बदलने की संभावना है। यद्यपि समाज का बहुत बड़ा हिस्सा ईश्वर में विश्वास करता है। जीवन अपने आप में पूर्ण है। जीवन की व्यक्तिगतता व्यक्ति को स्वतंत्रता प्रदान करता है। यह समाज ईश्वर के विचार, उसकी उपासना, उसको प्राप्त करने के अनेक तरीकों के कारण यह किसी एक तरीके से बंधा नहीं है। इस कारण यह समाज आंतरिक रूप से धार्मिक स्वतंत्रता को प्राप्त है। इस कारण इस समाज में ऐसे मजहबी समूहों ने आसानी से जगह बना ली जो आंतरिक वह बाहरी तौर पर कट्टर समूह हैं। ईश्वर, आत्मा, परमात्मा व्यक्ति के जीवन के आंतरिक पक्ष हैं।

समाज की आंतरिक व्यवस्था

कोई भी प्राणियों का समूह अपने जीवन की पूर्णता को जीता है। प्रकृति किसी भी समूह को किसी वातावरण विशेष में रखती है। यही वातावरण उसमें किसी गुण विशेष क्षमता, ज्ञान व जीवन से जुड़ी गतिविधियां करता है। कुछ प्राणियों के समूह जीवन में गतिविधियां करते हैं। मनुष्य ने अपने जीवन को कई स्तरों पर खड़ा किया है और वह हर स्तर पर विशेषज्ञ हुआ है और होना चाहता है चाहे युद्ध का मैदान क्यों न हो, चाहे कला हो, चाहे ज्ञान हो, चाहे चिकित्सा हो, या जीवन की सबसे प्राथमिक गतिविधियां हों जैसे खाना बनाना, कपड़ा बनाना, घर बनाना, हर क्षेत्र में मनुष्य ने जीवन को एक स्तर तक पहुंचाया है। मनुष्य क्या-क्या कार्य करेगा यह जीवन की भौतिक क्षमता है। भौतिक क्षमता ही जीवन को किसी कार्य से बांधती है। हर समाज अपने जीवन को व्यवस्थित करता है। हिंदू समाज ने जीवन को व्यवस्थित करने के लिए अनेक स्तर विकसित किया है। कोई भी समाज अपने कार्यों को करने के लिए मनुष्यों को तैयार करता है। वास्तव में जीवन की आवश्यकताएं ही समाज के द्वारा पूरी की जाती है। चाहे समाज कितनी भी गतिविधियां करता है। वास्तव में वह व्यक्ति के शरीर का ही हिस्सा होती है। वह व्यक्तियों को उन आवश्यकताओं को पूरा करने के लिए तैयार करता है।

वास्तव में समाज व्यक्ति के जीवन की पूर्णता है। एक समाज की उच्चता चाहे वह शक्ति, धन, ज्ञान के स्तर एक है। यह समाज की पूर्णता को देखकर लगाई जाती है। सिर्फ एक व्यक्ति को देखकर समूह की पूर्णता का पता नहीं लगाया जा सकता है। वह बहुत गरीब भी हो सकता है अमीर भी। ज्ञानी भी अज्ञानी भी। समूह के सभी सदस्यों की सामूहिक संपत्ति ही समाज है क्योंकि समाज व्यक्ति के लिए है और व्यक्ति समाज के लिए। कोई समाज क्या-क्या कार्य करेगा यह स्वाभाविक है। कई ऐसे भी समाज हैं या रहे हैं। जिनमें दास प्रथा तक को सही ठहरा दिया गया था। व्यक्ति की जीवन की सबसे प्राथमिक इच्छाओं को मिटा दिया गया है। प्लेटो ने ऐसा समाज बनाने का प्रयास किया जिसमें राज्य की सुरक्षा के लिए या आदर्श समाज बनाने के लिए शासक व सैनिक वर्ग को परिवार बनाने व संपत्ति को बनाने तक के अधिकार से वंचित कर दिया गया। प्लेटो ने शासक, सैनिक व उत्पादक वर्ग का ढांचा बनाया। अरस्तु ने भी राज्य की अच्छी व्यवस्था के लिए नागरिक व गैर नागरिक में समाज को बांट दिया और जनसंख्या के बहुत बड़े भाग को गैर नागरिक बना

दिया गया। यहां तक कि स्त्रियों को भी नागरिक नहीं माना गया। यहां तक कि दास प्रथा का भी समर्थन कर दिया गया। यदि आज इस तरह के समाज वास्तव में होते तो किस तरह का ढांचा होता। और वह आज के समय न्याय व असमानता को कैसे परिभाषित करते। जैसे पहले भी बताया गया है कि हर समाज अपने को बनाए रखने के लिए एक ढांचा बनाता है। वास्तव में समूह (समाज) ही एक ढांचा है। जिस तरह कोई शरीर किसी जीवन का ढांचा होता है, वह अपने अस्तित्व को जीता है उसी प्रकार समाज भी अपने जीवन को जीता है।

शासक होना, सैनिक होना, उत्पादक होना, सेवक होना, शिक्षक होना एक ही जीवन की गुण हैं। वास्तव में ये सभी विशेषताएं मिलकर एक ही जीवन की रक्षा करते हैं। एक ही जीवन बनाते हैं या समाज का निर्माण करते हैं। उसकी व्यवस्था व रक्षा करते हैं। शासक का अपने आप में कोई अर्थ नहीं है। जब तक शासित नहीं है। शिक्षक अपने आप में कुछ नहीं है जब तक वह शिष्य से नहीं जुड़ता है। हर जीवन चाहे वहां किसी भी सीमा या व्यवस्था में बना हुआ है। अपने आप में पूर्ण है। उसी प्रकार हर समाज चाहे किसी भी व्यवस्था में है अपने आप में पूर्ण है।

वर्ण व्यवस्था

हिंदू समाज लंबे समय से वर्ण व्यवस्था में बना रहा। ब्राह्मण, क्षत्रिय, वैश्य, शूद्र। प्रथम तौर पर नाम से पता चलता है ये जीवन की भौतिक आवश्यकताएं पूरी करते हैं और ये सारी आवश्यकताएं एक ही मनुष्य की है। और यह सारे गुण भी एक ही मनुष्य के हैं। क्योंकि जीवन अपनी पूर्णता में जीता है और समाज भी। प्रथम रूप में वर्ण जीवन के भौतिक आधार पर खड़े हैं भौतिक आधार पर ही सामाजिक स्तर खड़ा होता है। मनुष्य जीवन अपने निचले स्तर से लेकर अनेक गतिविधियां करता है। उसके जीवन का विस्तार है वह एक व्यापक जीवन जीता है।

एक ही समाज का हिस्सा: यह वर्ण एक ही समाज का हिस्सा है। या कहें मिलकर एक व्यवस्था का निर्माण करते हैं। प्रथम तौर पर ये वर्ण मिलकर उस व्यवस्था का निर्माण करते हैं जिसमें एक शरीर दूसरे शरीर से शरीर के स्तर पर प्राथमिक जरूरतें पूरी करते हैं। दूसरा यह कि यह एक दूसरे पर अंतर निर्भर है। तीसरा यह समाज की आंतरिक व्यवस्था है। इन सभी के मिलने से समाज बना है या समाज से ये वर्ण उत्पन्न हुए हैं। ये मिलकर समाज की पूर्णता का निर्माण करते हैं।

आंतरिक संघर्ष की संभावना नहीं है। यदि हम वर्णों को जीवन की भौतिक जरूरतें उत्पन्न करने वाला माने तो संघर्ष कैसे हो सकता है। क्योंकि हर वर्ण अपने कर्मों को करता हुआ सेवा प्रदान करता है। ब्राह्मण शिक्षा से जुड़ा कार्य करता है, क्षत्रिय रक्षा का कार्य करता है, वैश्य व्यवसायिक कार्य करता है, शूद्र सेवक के रूप में कार्य करता हुआ अपनी सेवाएं प्रदान करता रहा है। सामाजिक स्तर पर भी भेदभाव की संभावना नहीं है क्योंकि मनुष्य अपने स्तर पर सामाजिक संबंध बनाता है और उसके सामाजिक संबंध को अनेक कारण प्रभावित करते हैं। सामाजिक संबंध भी हमारे शरीर के भौतिक आधार पर खड़े होते हैं। प्रथम तौर पर यदि हम धनी निर्धन व्यवसाय को भूल भी जाएं तो भी शरीर सामाजिक संबंधों को प्रभावित करता है। शरीर अपने आप में एक पहचान होती है जो संबंधों की निर्माण में भूमिका निभाता है। शरीर से गुण, विशेषताएं, रूचियां जुड़ी होती हैं जो अपनी जरूरत तक ही फैलता व सीमा है। यहां तक शरीर का रंग, नस्लें, आकार भी संबंध को प्रभावित करता है। प्रथम तौर पर मनुष्य एक सामाजिक प्राणी है वह संबंध बनाता है लेकिन सामाजिक संबंध उसकी सीमा में होता है और उसको अपनी जीवन की सीमा की रक्षा

करनी होती है। सामाजिक संबंधों को वर्ण या जाति ही प्रभावित नहीं करती, लोगों का आर्थिक स्तर भी प्रभावित करता है। प्रथम तौर पर मनुष्य शरीर की जरूरतों के अनुसार संबंध बनाता है। एक समाज का अर्थ यह नहीं है कि हर व्यक्ति का हर व्यक्ति के साथ संबंध हो। यह संभावना ही नहीं है कि हर व्यक्ति हर व्यक्ति के साथ व्यक्तिगत तौर पर जुड़ सकता है। प्रथम रूप में जातियां व्यवसाय का नाम है। हिंदू समाज एक बहुत लंबे समय से स्थिरता के साथ खड़ा रहा है। जीवन में स्थिरता भी जिस कारण एक लंबे समय से एक तरह के व्यवसाय भी चलते रहे हैं। जैसे मिट्टी के बर्तन बनाना जो आज भी होता है। इस कारण यह एक पीढ़ी से दूसरी पीढ़ी में परिवारों के द्वारा पहुंचाया गया है। भारत में इसी तरह के अनेकों व्यवसाय हैं जो आज भी पीढ़ी दर पीढ़ी परिवारों के द्वारा संभाले हुए हैं। और जब कार्य हाथ से किया जाता है तो परिवार व्यवसाय की पहचान भी बन गए। और यह एक लंबे समय से चले होने के कारण यह व्यवसाय पारिवारिक पहचान भी बन गए हैं और इन व्यवसायों ने जीवन को सामाजिक पहचान भी दी। और आप देखेंगे कि व्यावसायिक पहचान आज भी सामाजिक पहचान बनती है। और यहां तक विवाह संबंध को भी प्रभावित करती हैं। ये व्यावसायिक पहचान परिवारों के विवाह जैसे बंधन को भी प्रभावित करते है। आपके जीवन के गुण, विशेषताएं, आर्थिक स्तर ज्ञान भी सामाजिक संबंधों को प्रभावित करता है। सामाजिक संबंध व्यक्ति के निजी संबंध हैं। उसका जीवन के बहुत से पक्ष उसे उन संबंधों को बनाने या ना बनाने में भूमिका निभाते हैं। हर व्यक्ति परिवार की अपने दायरे होते हैं उसकी पहचान होती है। जीवन का स्तर होता है। उसी के हिसाब से वह संबंध बनाता है। व्यक्ति का दूसरे व्यक्ति से उच्च स्तर पर भेदभाव हो सकता है। यह स्वाभाविक है वह अपने स्तर के व्यक्ति के साथ संबंध बनाएगा। हिंदू समाज में एक समस्या पैदा हुई है जीवन के भौतिक स्तरों पर जो वर्ण, जातियां बनी उन्होंने सामाजिक पहचान तो बनाई ही है। यह स्वाभाविक है लेकिन सामाजिक पहचान सामाजिक भेदभाव के स्तर तक गई जो लंबे समय तक रही। सामाजिक आधार पर बंटवारा की कारण बनी। लेकिन इस समाज ने बहुत कम समय में सामाजिक भेदभाव को बहुत बड़ी सीमा तक समाप्त कर दिया। आज जातियों के साथ सामाजिक भेदभाव नहीं होता। आज राजनीतिक, प्रशासनिक स्तर तक, शिक्षा के अधिकार तक, साथ में कार्य करने तक, सभी जातियां काम करती हैं, और जातियों में व्यक्तिगत संबंध विवाह के स्तर तक भी जाते हैं। भारत कई हजार वर्षों तक राजनीतिक, आर्थिक स्थिरता के साथ रहा जिस कारण इस समाज में व्यवसायिक स्थिरता भी बनी जो सामाजिक स्थिरता के स्तर तक गई। आज उत्पादन के साधनों में परिवर्तन के कारण व्यवसायिक स्थिरता में परिवर्तन हुआ। समाज आंतरिक तौर पर स्वाभाविक तौर पर विकसित होता है, परिवर्तन करता है।

जातियों में चाहे सामाजिक अलगाव रहा हो परंतु एक दूसरे के अस्तित्व को नष्ट नहीं किया गया क्योंकि सभी वर्ण वास्तव में जीवन की भौतिक जरूरतें पैदा करते हैं। और समाज की पूर्णता का हिस्सा हैं। एक दूसरे पर निर्भर रही है। जीवन की भौतिक जरूरतें एक दूसरे की पूरी करते रहे हैं। जातियों में आर्थिक संबंध रहे हैं व न्यायपूर्ण रहे हैं। किसी को उसके श्रम के फल से वंचित नहीं किया गया। वास्तव में वर्ण कर्मों के आधार पर बने लेकिन जैसा पहले बताया गया है यह समाज

बहुत लंबे समय से अस्तित्व में है जिस कारण कर्म बंधन परिवार से बंधे हैं और परिवार ने कर्मों के जन्म से जोड़ दिया यह भी स्वाभाविक है। कोई जीवन कला, गुण, विशेषता परिवार से सीखता है और इसको आगे पहुंचाता है। भारतीय परिवार जीवन की पूर्ण व्यवस्था की इकाई रहे हैं। परिवार न केवल शिक्षा, जीवन मूल्य, व्यवसायिक ज्ञान भी देते थे। परिवार रूप में बच्चे के विद्यालय का कार्य भी करते थे। जातियों का भौतिक आधार समाप्त होने के कारण जातियों का सामाजिक व्यवहार भी स्वाभाविक रूप से समाप्त हो जाता है।

ये जातियां कभी भी एक दूसरे के विरुद्ध राजनीतिक रूप से नहीं टकराई है क्योंकि जातियां और समाज की पूर्णता की आंतरिक व्यवस्था है जिसे हिंदू (सनातन) के रूप में जानते हैं। जीवन की पूर्णता संपूर्ण पूरा होने में है जिसे समाज कहते हैं। जातियां आंतरिक व्यवस्था की एक जिम्मेदारी है जिसका विकास समय के साथ हुआ है, आवश्यकता के लिए हुआ है और तभी तक बनी रहेंगी जब तक आवश्यकता है। जीवन की पूर्णता सभी स्तरों पर होती है। आर्थिक, सामाजिक, राजनीतिक जातियां आपस में आर्थिक संबंधों का आधार रही है। प्रथम रूप में जातियां आर्थिक (भौतिक) जरूरतें पूर्ण करती हैं। सामाजिक भेदभाव के बाद भी ये जातियां आपस में आर्थिक संगठन का हिस्सा ही नहीं व राजनीतिक स्थिरता का भी हिस्सा रही। जातियों में एक ही स्तर पर समस्या उत्पन्न हुई है वह सामाजिक पहचान के रूप में नहीं बल्कि ऐसे भेदभाव के रूप में जब सामाजिक पहचान ने एक ऐसा विवाद पैदा कर दिया जिसने सामाजिक अलगाव को पैदा किया है। समाज के एक होने के कारण राजनीतिक संघर्ष की संभावना नहीं है। वर्ण हमारे समाज की आंतरिक व्यवस्था रही है और वर्ण में जातीय भेदभाव इस समाज की समस्या रही है। एक जाति में दूसरी जाति के अस्तित्व को अस्वीकार नहीं किया है। इसका अर्थ यह है कि हर जाति के मनुष्य को अपनी जरूरत के घर परिवार बनाने,आपसी सामाजिक संबंध बनाने का अधिकार था। किसी भी जाति को उन अधिकारों से वंचित नहीं किया गया जो किसी जाति के अस्तित्व को समाप्त करते हों जैसे धन कमाना, परिवार बनाना। लेकिन परिवारों की स्थिरता ने व्यवसायों को स्थिरता दी जितने सामाजिक स्थिरता दी। जिसने कर्मों को जन्म से बांध दिया है लेकिन जीवन के उच्च स्तर आध्यात्मिक, सत्य, ज्ञान ध्यान ईश्वर, आत्मा जीवन के स्तर व्यक्तिगत रूप से जुड़े हैं। एक निचले स्तर का काम करने वाला व्यक्ति भी उच्च स्तर का ज्ञान प्राप्त कर सकता है। ईश्वर को जान सकता है।

ईसाई समाज

प्रथम रूप में देखा जाए तो ईसाई समाज एक मजहबी संगठन के रूप में पैदा हुआ है। इसके जीवन के अपनी विशेषताएं है। धर्म ने इस समाज को धार्मिक युद्धों में डाला और अनेक धार्मिक युद्ध लड़े। धर्म ने लोगों को अंधविश्वासों में डाला। धर्म के आधार पर समाज में धार्मिक अत्याचार हुए। यहां तक की धर्म ने स्त्रियों की स्थिति को खराब किया। उन पर अत्याचार हुए। पोप व चर्च व्यक्ति के जीवन में गहरे से प्रभाव डालता था। वह राजाओं तक की नियुक्ति करता था उन्हें पद से हटा सकता था। यहां तक उन्हें धर्म विरोधी कह कर जनता में विद्रोह तक करा दिया। चर्च व राज्य अर्थाथ पोप व राजा में लंबे समय तक संघर्ष चला कौन अधिक शक्तिशाली है किस की सत्ता उच्च है। चर्च व पोप का प्रभाव व्यक्ति के जीवन के हर पक्ष में था। उसने राजाओं तक की सत्ता को प्रभावित किया। एक समय तो ऐसा आया जब यह मान लिया गया चर्च राज्य से अधिक शक्तिशाली संस्था है। चर्च इतना शक्तिशाली हो गया था कि उसके विरूद्ध आवाज उठाने की किसी की हिम्मत नहीं होती थी। आवाज उठाने वाले व्यक्तियों को जिंदा जला दिया जाता था। स्त्रियों तक को जलाया जाता था। वैज्ञानिक सोच को समाप्त करने के लिए वैज्ञानिकों को सजाएं दी जाती थीं क्योंकि वैज्ञानिक खोजे ईसाईयत के विरूद्ध थी। धार्मिक युद्धों में पंद्रह साल तक के बच्चों को लड़ने के लिए तैयार किया जाता था। जैसा पहले बताया गया है कि धार्मिक कट्टरता समाज को आंतरिक व बाहरी तौर पर कट्टर बनाती है। इसका प्रभाव उस धर्म के मानने वालों पर भी पड़ता है और न मानने वालों पर भी। कट्टरता समाज में आंतरिक व बाहरी दोनों तरह के अत्याचार बढ़ाती है। इस प्रकार हम कह सकते हैं कि चर्च ने जीवन को हर स्तर पर बांध दिया था। यहां तक कि वैज्ञानिक भी अपनी खोजों को सार्वजनिक करने से डरते थे। तो आप अंदाजा लगा सकते हैं कि मजहब व्यक्ति के जीवन को किस तरह बांध सकता है। मजहब भी जीवन की एक सीमा निश्चित करता है यदि कोई व्यक्ति उस सीमा के बाहर जाकर अपनी क्षमता विकसित करता है तो वह मजहब उस व्यक्ति को मजहब विरोधी कहता है और उसे दंडित तक करता है मृत्यु तक दे देता है। इस समाज का अध्ययन हमें दो कालों में करना चाहिए। ईसाइयत के प्रभाव वाला समाज और आधुनिक काल। हमारे लिए आधुनिक काल महत्वपूर्ण है। इस समाज ने अपने अंदर बहुत से धार्मिक सुधार किए। अब ईसाई धर्म व्यक्ति के केवल ईश्वरीय विचार तक सीमित है और यह भी

व्यक्तिगत जीवन तक सीमित है। अब ईसाई मत जनसंख्या का राजनीतिक संगठन नहीं बनाता है। अब ईसाई समाज में पोप व चर्च या धार्मिक सत्ता व्यक्ति के अधिकारों को प्रभावित नहीं करती। अब लोगों का धार्मिक होना व्यक्तियों की निजी इच्छा है और वह अपनी इच्छा से ईसाइयत को मानता है। हम इस समाज का अध्ययन दो कालों में करना पड़ेगा जब यह समाज ईसाइयत के पूर्ण प्रभाव में था। इसका अर्थ यह है जब मजहब ही आपके जीवन को पूर्ण तौर पर बांधती है वह आपके जीवन के हर पक्ष पर नियंत्रण रखती है। वह व्यक्तिगत जीवन की सभी गतिविधि और राजनीति तक को प्रभावित करती है। व्यक्ति का पूर्ण जीवन मजहब के दायरों में था। मजहब व्यक्ति के जीवन को बांधता था। उसने जीवन में नयापन समाप्त कर दिया था। व्यक्ति का जीवन धर्म केन्द्रीत था जब ईसाई समाज बाहरी व आंतरिक प्रभावों के कारण मजहबी ढ़ाचे से बाहर आया था जीवन के बहुत से पक्षों में स्वतंत्र कराया। जैसे ही व्यक्ति मजहबी व्यवस्था से बाहर निकला वह शून्य की स्थिति में था। शून्य की स्थिति वह होती है जब व्यक्ति के जीवन को किसी मजहब में बांधकर नहीं बल्कि व्यक्ति को व्यक्ति के रूप में पहचान मिले। मनुष्य का समूह व्यक्ति केन्द्रीत हो गया। मनुष्य को विवेकशील प्राणी मान लिया गया।

व्यक्ति के अधिकारों की स्वतंत्रता की समानता की बात की जाने लगी। इस काल में जीवन के हर क्षेत्र में ऐसे व्यक्ति मिलेंगे जिन्होंने पुरानी व्यवस्था को समाप्त किया व नई व्यवस्था के लिए मनुष्यों को तैयार किया। इस नई व्यवस्था के लिए मनुष्यों को तैयार किया। इस नई व्यवस्था में व्यक्ति का जीवन केन्द्रीय विषय रहा। समूह व्यक्तियों का संगठन बना। व्यक्ति केन्द्रीत समाज होने के कारण व्यक्ति के जीवन के विकास के बहुत प्रयास किए गए और व्यक्ति की निजी स्वतंत्रता के लिए इस हद तक गए कि राज्य के कार्यों को भी कानून व्यवस्था, न्याय व बाहरी सुरक्षा तक सीमित कर दिया। एक ऐसी व्यवस्था का निर्माण किया जिसमें कानून व्यक्ति के लिए है व्यक्ति कानूनों के लिए नहीं है। यह समाज काफी हद तक व्यक्ति के जीवन को शून्य की स्थिति में ला चुका है। शून्य की स्थिति व्यक्ति को स्वतंत्रता मानती है उस पर ऐसे बंधन नहीं लगाए जाते हैं जो बाहरी व्यवस्था की रक्षा के जीवन को सीमित करते हैं। शून्य की स्थिति जीवन का बंधन नहीं है बल्कि जीवन के फैलाव के लिए व्यवस्था करना है। एक ऐसी व्यवस्था देना है जहां व्यक्ति अपनी स्वतंत्रता का आध्यात्मिक स्तर तक बड़ा सके। एक ऐसी स्थिति जहां जीवन को अपने बंधनों व स्वतंत्रता के साथ जीना है। इस समाज की आधुनिक समय में सबसे बड़ी देन स्वतंत्र राजनीतिक व आर्थिक व्यवस्था का निर्माण है। राजनीतिक व आर्थिक प्रणाली में व्यक्ति व्यक्ति के रूप में स्वतंत्रता से बंधा है। धर्म राजनीतिक संगठन का निर्माण नहीं करता न धर्म राजनीति में हस्तक्षेप कर पाता। आर्थिक व्यवस्था में भी व्यक्ति स्वतंत्र है। व्यक्ति की स्वतंत्रता पर बाहरी बंधनों के विरूद्ध स्वतंत्रता की स्थापना की। व्यक्ति की स्वतंत्रता के लिए इस समाज ने कई स्थानों पर विजय प्राप्त की जैसे धार्मिक कट्टरता के विरूद्ध संघर्ष जिससे व्यक्ति में स्वतंत्र सोच विचार, वैज्ञानिक चिंतन को बढ़ावा मिला। धार्मिक बंधनों के प्रभाव से निकलने के कारण यह समाज शून्य की स्थिति में आने से व्यक्तिगत स्वतंत्रता को महत्व मिला जिसके कारण राजनीतिक स्वतंत्रता समानता

को प्राप्त किया। राजनीतिक स्वतंत्रता व समानता इस समाज की महत्वपूर्ण विशेषता है जिसे इस समाज ने आधुनिक समय में प्राप्त किया। इस समाज में दूसरा महत्वपूर्ण सुधार स्त्री-पुरूष की समानता के रूप में हुआ। कानूनी तौर पर इस समाज की राजनीतिक व्यवस्था ने स्त्री-पुरूष को समान अधिकार तो दे दिए हैं परंतु आर्थिक सत्ता व राजनीतिक सत्ता में स्त्रियों की भूमिका बहुत कम है। बाहरी बंधनों के साथ आंतरिक बंधन भी लगे होते हैं जो कानूनी स्वतंत्रता के बाद भी स्वतंत्रता को बाधित करते हैं। तीसरी महत्वपूर्ण विजय अपनी राजनीति स्वतंत्रता व आर्थिक स्वतंत्रता के लिए साम्यवादी विचारधारा से अपने समाज का बचाना था। यह व्यक्ति को निचले स्तर पर बांध देती है। चौथी महत्वपूर्ण विजय गरीबों के विरूद्ध जीती है। इस समाज में गरीबी पर काफी हद तक विजय प्राप्त करके नागरिकों के जीवन में सुधार किया। इस प्रकार इस समाज ने राजनीतिक आर्थिक व धार्मिक सुधार किए। धार्मिक सुधारों का अर्थ यह नहीं कि अब यह समाज एक धार्मिक संगठन नहीं रहा है। यह समाज आज भी एक धार्मिक संगठन के तौर पर कार्य कर रहा है जिसका नेतृत्व पोप व चर्च ही करता है। कोई भी संगठन चाहे किसी भी आधार पर बना हो फैलाव चाहता है जब इस समाज के संगठन का आधार धार्मिक था तो इस समाज ने धार्मिक युद्ध लड़े जब समाज राजनीतिक राष्ट्रवाद के प्रभाव में था तो राजनीतिक युद्ध लड़े साम्राज्यवाद का विस्तार हुआ। जब इस समाज में आर्थिक राष्ट्रवाद के रूप में संगठित हुआ के एक आर्थिक व्यवस्था के रूप में बांधा है। इस प्रकार हमें ईसाई समाज के जीवन का दो पक्षों में अध्ययन करना पड़ेगा राजनीतिक व्यवस्था के रूप में आर्थिक व्यवस्था के रूप में राजनीतिक व्यवस्था के रूप में – एक समाज के राजनीतिक संगठन का आधार क्या है यह उस समाज की विशेषता होती है। कोई समाज मजहब के आधार पर भी संगठित हो सकता है। आर्थिक व्यवस्था के रूप में भी। ईसाई समाज ने जो राजनीतिक संगठन बनाया धार्मिक सुधारों के बाद और साम्यवादी विचारधारा से विजय के बाद जो राजनीतिक संगठन का निर्माण किया है वह व्यक्तियों का संगठन है। व्यक्ति व्यक्ति के रूप में राजनीतिक संगठन का हिस्सा है। इस कारण व्यक्ति बाहरी बंधनों जैसे मजहबी या बाहरी आर्थिक बंधन साम्यवाद में बंध कर राज्य के रूप में नहीं बंधा है। राज्य के संगठन में व्यक्ति व्यक्ति के रूप में बंध है इसलिए राज्य व्यक्ति के जीवन के सभी अधिकारों की रक्षा करने में समर्थ हुआ है। राजनीतिक अधिकार राजनीतिक समानता, आर्थिक अधिकार व आर्थिक स्वतंत्रता व धार्मिक स्वतंत्रता। इस प्रकार यह राजनीतिक संगठन व्यक्ति की व्यक्तिगतता की सुरक्षा करता है। राजनीतिक संगठन यह व्यवस्था करता है कि वह व्यक्ति के सभी पक्षों का विकास कर सके। व्यक्ति के जीवन की स्वतंत्रता व्यक्ति के रूप में हैं। यह समाज व्यक्ति की स्वतंत्रता के लिए राज्य की भूमिका को भी सीमित किया गया। यहां तक कल्याणकारी राज्य को भी नकार दिया। इस कारण इस समाज ने व्यक्ति की स्वतंत्रता को आंतरिक बना दिया है। व्यक्ति सिर्फ कानून के शासन के अधिन है। इस प्रकार इस समाज ने राजनीतिक समानता, आर्थिक स्वतंत्रता, धार्मिक स्वतंत्रता, स्त्री-पुरूष समानता को कानूनी तौर पर प्राप्त किया है। ये स्वतंत्रता इस समाज की आंतरिक स्वतंत्रता है क्योंकि चाहे धार्मिक सुधारों की बात हो यह इस समाज के व्यक्तियों ने अपने

प्राणों को खतरे में डाल कर प्राप्त की है। चाहे राजतंत्र तानाशाही के विरूद्ध लड़ कर लोकतांत्रिक व्यवस्थाओं की स्थापना हो। चाहे आर्थिक स्वतंत्रता की व्यवस्था हो यह इस समाज के आंतरिक तौर पर प्राप्त की है। इस कारण यह समाज एक खुले समूह के तौर पर जाना जाता है इस समाज के आर्थिक व राजनीतिक व्यवस्था में हिस्सा होने के लिए किसी को अपना धर्म बदलने की जरूरत नहीं होती है। इस कारण यह देखा गया है कि योग्यता के आधार पर विदेशी व्यक्ति भी इन राज्यों का हिस्सा बन जाते हैं और आर्थिक व राजनीतिक संगठन में महत्वपूर्ण भूमिका निभाते हैं। इस कारण इस समाज को ऐसे समाज के व्यक्तियों को अपने समाज का हिस्सा नहीं बनने देना चाहिए जो आर्थिक व राजनीतिक व्यवस्था का तो हिस्सा बन जाते हैं परंतु उच्च स्तर पर धार्मिक कट्टरता से बंधे हैं। यदि इस समाज में धार्मिक कट्टरता से ग्रसित व्यक्तियों का प्रवेश होगा तो वे राजनीतिक व आर्थिक व्यवस्था का हिस्सा होकर भी उस राजनीतिक, कानूनी, प्रशासनिक व्यवस्था को नष्ट कर देते हैं क्योंकि हर समाज की अपनी प्रवृत्ति होती है। इसलिए इस राजनीतिक व आर्थिक व्यवस्था को अपनी राजनीतिक व आर्थिक व्यवस्था में ऐसे प्राणियों के समूह को नहीं आने देना चाहिए जो इन राज्यों की उदार कानून व्यवस्था का हिस्सा तो बन जाते हैं परंतु वे समूह आंतरिक कट्टरता को भी अपने साथ ले जाते हैं। क्योंकि मजहब व्यक्तियों का सिर्फ एक धार्मिक संगठन नहीं होता बल्कि मजहब अपने आप में जीवन को पूर्णता होती है उसके अपने कानून होते हैं उसके जीवन की अपनी सीमा होती है। मजहब व्यक्तियों को एक सीमा तक अधिकारों व न्याय के बंधनों में बांधता है इसलिए मजहबी संगठन अपने आप में एक राजनीतिक शक्ति के रूप में खड़ा होकर उस देश में राजनीतिक स्थिरता उत्पन्न कर सकता हे। मजहब राजनीतिक सत्ता का निर्माण तक कर सकते हैं। उसकी संस्कृति को नष्ट कर सकते हैं। एक मजहब गौर मजहबी लोगों के जीवन तक को नष्ट कर सकता है। जिस तरह पुष्प चाहे कितना भी कोमल क्यों न हो उसमें इतनी तो कठोरता होती है वह अपने आकार को बना कर रख सके। क्योंकि पुष्प तभी तक सुंदर होता है जब तक वह अपने आकार में स्थिर है। इसी तरह चाहे समाज, व्यवस्था, राजनीतिक संगठन कितना भी उदार, लचीला हो उसमें इतनी कठोरता तो होनी चाहिए जिससे वह अपने अस्तित्व को बना कर रख सके। क्योंकि राजनीतिक संगठन को राजनीतिक सत्ता का निर्माण करना होता है। कानूनों का निर्माण करना होता है। कानून लागू करने होते हैं। न्याय करना होता है दण्ड देना होता है और सबसे बड़ी बात राजनीतिक युद्ध लड़ना पड़ता है। चाहे समाज कितना भी सभ्य हो, उदार हो, आदर्श हो, राजनीतिक संगठन कठोर होता है क्योंकि राजनीतिक संगठन को राज्य की रक्षा करनी पड़ती है। इस समाज ने आर्थिक व्यवस्था व राजनीतिक व्यवस्था को स्वतंत्र बनाया है इसलिए इस समाज में ऐसे व्यक्तियों के समूह प्रवेश आसानी से कर सकते हैं जो जीवन के निचले स्तर की गतिविधियों में तो शामिल हो सकते हैं लेकिन उस समाज में पूर्णता से उस समाज का हिस्सा नहीं हो पाते जैसे पहले भी बताया गया है एक समाज, की अपनी सीमा होती है वह किस स्तर तक अपने जीवन को अपना हिस्सा बना सकता है यह एक मजहबी समाज होने के बाद भी सेक्युलर समाज है। सेक्युलर होने का अर्थ यह नहीं है कि कोई अपने ईश्वरीय मत का नष्ट करे। क्या समाज एक स्वतंत्र कानून

व्यवस्था व न्याय व्यवस्था दे सकता है जो धर्म से ऊपर उठकर व्यक्ति को बांधते। जिस तरह हिन्दू समाज धार्मिक होते हुए भी यह संभावना नहीं है कि वह धार्मिक युद्ध लड़े एक ऐसे ईश्वर को पाने के लिए जिसको पाने के लिए युद्ध लड़ना पड़े।

उसी तरह इस समाज में धार्मिक सुधारों के बाद लोगों में यह समझ आ गई कि कोई ऐसा ईश्वर नहीं हो सकता है जिसको प्राप्त करने के लिए युद्ध लड़ना पड़े। पोप व चर्च लोगों को धार्मिक युद्धों के लिए तैयार नहीं कर पाएंगें। इसलिए इस समाज को उन मूल्यों के लिए लड़ने के लिए तैयार रहना चाहिए जो इस समाज ने स्वतंत्र राजनीतिक व आर्थिक व्यवस्था की स्थापना के द्वारा प्राप्त किए। स्त्री-पुरुष के रूप में जो स्वतंत्रता प्राप्त की। यद्यपि यह समाज आर्थिक व राजनीतिक स्वतंत्रता के बाद साम्यवाद के पतन के बाद यह मान चुका है कि इतिहास का भी अंत हो गया।

मुस्लिम समाज

मुस्लिम समाज का उदय एक मजहब के रूप में हुआ है मुसलमान जिस व्यवस्था के अंदर रहता है उसे इस्लाम कहते हैं। इस्लाम जीवन को शासित करने की एक मजहबी व्यवस्था है। यह व्यवस्था जीवन को उच्च स्तर ले लेकर निम्न स्तर तक कठोरता से बांधती है। जैसे पहले भी बताया गया है चाहे कैसे भी मनुष्यों या प्राणियों का समूह हो वह अपने आप में पूर्ण हैं। इस्लामी कानून व्यवस्था जीवन को पूर्ण तौर पर बांधती है। जैसे पहले बताया गया कि किसी भी समाज की अपनी सीमाएं होती हैं वह उन सीमाओं में रहकर ही जीवन व्यतीत करता है। वह ज्ञान विज्ञान के क्षेत्र में भी होती है। अधिकारों व स्वतंत्रता के क्षेत्र में भी कोई भी बंधा हुआ समाज अपने व्यक्तियों को इस हद तक स्वतंत्रता नहीं दे सकता कि वह समाज भी टूट जाए। इस्लाम व्यक्ति के जीवन पर बाहरी बंधन है इसका अर्थ यह है कि इस्लाम तय करता है व्यक्ति के उच्च स्तर अर्थात ईश्वर का विचार उसको प्राप्त करने के तरीके या निचले स्तर तक जैसे पहनावा या जीवन की छोटी-छोटी गतिविधियां उन इस्लामी नियमों में बंधी होती हैं। बंधन बंधन होता है चाहे जीवन पर आंतरिक बंधन हो या बाहरी।

इस्लाम का उदय एक ईश्वर के विचार के रूप में हुआ है उसके अलावा वह किसी को भी पूजनीय नहीं मानते हैं यह मुसलमानों पर प्रथम बंधन के रूप में लगा है। दूसरा मजहब से जुड़ी कुछ गतिविधियां हैं जिनको वह मुसलमान होने के नाते करता है। ये बंधन उसको मुसलमान बनाते हैं। ये बंधन मुसलमानों को एक संगठन के तौर पर बांधते हैं और यही बंधन उस जनसंख्या को गैर-मुसलमान बनाता है जो इन बंधनों में नहीं बंधा है। यह एक स्वाभाविक विशेषता है।

किसी एक ईश्वर को मानना किसी एक पैगम्बर को मानना या किसी एक किताब को मानना या धर्म धार्मिक गतिविधियां करना एक व्यक्तिगत जीवन का हिस्सा है। यह इतना निजी है कि किसी को पता भी नहीं चलता कि वह किस ईश्वर का मानता है किस रूप में मानता है। उसको प्राप्त करने के लिए क्या-क्या गतिविधियां करता है। प्रथम ईश्वर को प्राप्त करने के लिए संख्या का संगठनात्म होना जरूरी नहीं है ईश्वर कोई शक्ति के बल पर प्राप्त नहीं किया जाता। दूसरा यदि मजहब के आधार पर कोई संख्या का संगठन बनता भी है तो वह अधिक से अधिक मजहबी गतिविधि ही करेगा यहां तक मजहब केवल मजहब है। कोई समाज वहीं तक पंत निरपेक्ष हो सकता है यह भी सभी समाजों की विशेषता नहीं है। परंतु जैसा पहले भी बताया गया है कि यदि,

कोई मनुष्य का संगठन अपनी अलग पहचान के साथ रहता है तो वह केवल धर्म या धार्मिक विश्वास या धार्मिक गतिविधियों के कारण अलग नहीं है वह समूह अपने आप में जीवन की पूर्णता का निर्माण करता है इसलिए इस्लाम सिर्फ एक मजहबी संगठन नहीं है बल्कि वह अपने आप में शक्ति समूह का निर्माण भी करता है जो राजनीतिक शक्ति के रूप में या राजनीतिक सत्ता के रूप में भी काम करता है। वह एक कानून व्यवस्था का नाम भी है एक शासन व्यवस्था भी है। अधिकार स्वतंत्रता, दंड को भी परिभाषित करता है। अपने आप में राजनीतिक शक्ति के रूप में कार्य करता है। राजनीतिक युद्ध भी करता है जीवन के व्यक्तिगत पहलूओं को भी नियंत्रण करता है राजनीतिक व्यवस्था के रूप में कार्य करते हुए दूसरी राजनीतिक व्यवस्था से टकराता है। कानून का निर्माता होने के कारण दूसरी कानून व्यवस्थाओं से भी टकराता है। जीवन का एक बंधन भी है जो जीवन के दूसरे बंधनों से भी टकराता है जो व्यक्ति को अधिक स्वतंत्रता देते हैं।

यह जीवन का एक व्यक्तिगत व सार्वजनिक व्यवहार भी है जो दूसरे जीवन की व्यक्तिगत व सार्वजनिक व्यवहारों से टकराता है। अत: यह जीवन की एक पूर्णता है जो जीवन को दूसरी पूर्णताओं से टकराती है। यह मनुष्यों के जीवन को न केवल उच्च स्तर पर बांधता है बल्कि जीवन के निजी गतिविधियों को भी इस प्रकार बांध देता है जो एक जीवन का दूसरे जीवन से अलगाव उत्पन्न कर देते हैं। इसलिए इस्लाम को सिर्फ एक मजहब न जानकर जीवन का एक पूर्ण बंधन है जिसे इस्लाम कहते हैं।

जीवन एक वास्तव में बंधन ही है जो किसी न किसी व्यवस्था के नाम पर आता है वह एक लोकतांत्रिक व्यवस्था भी हो सकती है जिसमें व्यक्ति अपने हित के लिए बंधे हो इस तरह का बंधन होते हुए भी बंधन नहीं होता क्योंकि इस व्यवस्था में बंधे हुए व्यक्ति अपनी स्वतंत्रता को लगातार बढ़ाते जाते हैं जीवन एक बहाव की तरह हो जाता है जो समय के साथ आसानी से बदल जाता है। यह बंधन व्यक्तिगत होता है व आंतरिक होता है। इस तरह का बंधन जीवन को किसी भी क्षेत्र में विकसित होने से नहीं रोकता है। इस तरह की व्यवस्था हिन्दुओं ने ईसाईयों में सुधार करके एक स्वतंत्र आर्थिक व राजनीतिक व्यवस्था का निर्माण करके मुसलमान का जीवन एक व्यवस्था में बंध है जो उच्च स्तर अर्थात ईश्वर केन्द्रीत है या मजहबी केन्द्रीत कह सकते हैं या उच्च स्तर से निर्देशित होता है इसलिए उच्च स्तर जीवन का एक बंधन है जो निम्न स्तर तक बांधता है। उच्च स्तर पर अन्य मनुष्यों से अलगाव है जो निम्न स्तर तक जाता है। इस कारण इस समाज का दूसरे समूहों से सामूहिक व व्यक्तिगत स्तर पर अलगाव होना या संघर्ष होना स्वाभाविक है और यह संघर्ष दूसरे समाजों से उच्च स्तर पर भी होगा जैसे किसी समाज की धार्मिक पहचान व मान्यताओं से उसके धार्मिक महापुरूषों से, धार्मिक शिक्षाओं से क्योंकि यह अलग संगठन का निर्माण करता है तो राजनीति संगठन के रूप में भी खड़ा होगा और अलग कानून व्यवस्था के रूप में भी खड़ा होगा और अलग जीवन व्यवहार के रूप में भी खड़ा होगा। इसलिए मुसलमानों का दूसरे जीवन से हर स्तर पर संघर्ष होता है और यह स्वाभाविक है। अब यह देखना होगा मुसलमानों का संघर्ष किस स्तर तक जाता है। एक व्यक्ति का दूसरे व्यक्ति के साथ संघर्ष होता है तो वह निचले स्तर पर

रहता है क्योंकि उच्च स्तर पर समाज, राज्य कानून व्यवस्था कम रहती है। जब दो व्यक्तियों का जीवन उच्च स्तर पर बंधा होता है तो उनमें निचले स्तर का संघर्ष उच्च स्तर के बंधन को नहीं तोड़ सकता। बंधन तभी टूटता है जब संघर्ष सहयोग से अधिक शक्तिशाली हो जाता है। मुसलमानों का गैर मुसलमान से उच्च स्तर पर कोई बंधन नहीं है जब तक कोई मुसलमान नहीं होता इसलिए मुसलमानों का गैर मुसलमानों के साथ संघर्ष अंतिम सीमा तक होता है और यह हिंसात्मक है। मुसलमानों का जीवन उच्च स्तर अर्थात मजहब में अर्थात इस्लाम में बंधा है और मुनष्य को दो भागों में बांट दिया है विश्वास करने वाला और विश्वास न करने वाला। इसलिए जीवन के उच्च स्तर ही जीवन को अन्य आधारों पर खड़ा करता है इसलिए मुसलमानों का सामान्य जीवन भी संघर्ष है। जो उनको लगातार संघर्ष में डालता है। जैसे पहले भी बताया गया है कि हर समाज की सीमाएं होती हैं। समाज वास्तव में एक व्यवस्था है और वह अपनी सीमाओं के दायरे में अधिकार देता है। इस्लाम भी एक व्यवस्था है जिसका निर्माण लगभग 1400 साल पहले हुआ है और इस व्यवस्था ने व्यक्ति के जीवन को निर्देशित कर दिया था। इसलिए मुसलमान एक ऐसा मनुष्य है जो इस्लाम के द्वारा शासित है जिस व्यवस्था का निर्माण बहुत पहले हुआ है। इसलिए व्यक्ति व्यक्ति के रूप में विकसित न होकर मुसलमान के रूप में विकसित होता है।

आंतरिक बंधन – बाहरी बंधन

जिस समाज में व्यक्ति को व्यक्ति के रूप में विकसित नहीं होने दिया जाता है बल्कि उसे उस बनी बनाई व्यवस्था में ढाला जाता है तो वह समाज लोकतांत्रिक नहीं होता। लोकतांत्रिक समाज व्यक्ति के विकास, गुणों, सम्पत्ति, ज्ञान स्वतंत्रता अधिकारों को विकसित करने की संभावनाएं देता है। मुसलमानों का जीवन उच्च स्तर से लेकर निम्न स्तर तक इस्लाम में बंधा है और यह बंधन कठोर है निश्चित है इनको बदला नहीं जा सकता। इसी कारण इस्लामी नियम जब से बने हैं तब से लगभग वैसे ही हैं। ये नियम जीवन पर बंधन का कार्य करते हैं। यह आंतरिक व बाहरी तौर पर बांधते हैं। इसलिए इस समाज में बाहरी लोगों के प्रति तो कट्टरता उत्पन्न होती ही है परंतु मुसलमान की मुसलमान के प्रति भी कट्टरता उत्पन्न होती है। आपने देखा होगा कि मुसलमान मुसलमान को भी काफिर कह कर उसे इस्लाम से निकाल देता है। इसका अर्थ यह है कि इस्लाम एक ऐसा समाज नहीं है जो जीवन को जीवन के रूप में स्वीकार कर सके इस्लाम मनुष्य को सिर्फ मुसलमान के तौर पर स्वीकार कर पाता है यह आप इस समाज की मजहबी पुस्तकों को देख कर बता सकते हैं। इस समाज में आंतरिक उच्च संघर्ष भी मजहब के नाम पर होता है और यह भी हिंसात्मक होता है। इस्लाम में यदि आंतरिक समूह बने है तो वह भी मजहब के आधार पर बने हैं जैसे शिया-सुन्नी। इनमें संघर्ष भी मजहब के आधार पर होता है जैसे पहले बताया गया है कि जीवन का बंधन आंतरिक व बाहरी बंधन लगाता है जो समाज अपने पहचान को लेकर कट्टर होता वह बाहरी संसार के लिए तो खतरा होता ही है परंतु जो व्यक्ति उस समूह के सदस्य होते हैं वह कट्टरता उस समूह के सदस्यों के लिए भी खतरा उत्पन्न होती है जिस तरह पोप व चर्च ने न केवल बाहरी युद्ध करवाया बल्कि समाज में आंतरिक अत्याचार भी करवाया वैज्ञानिकों तक के जीवन को समाप्त कर दिया।

मुसलमानों का दोहरा जीवन जैसा पहले बताया गया है कि समाज जीवन का निर्माण करता है उसे पहचान, स्वतंत्रता, अधिकार व गतिविधियां करने की स्वतंत्रता देता है। समाज जीवन को निम्न स्तर से उच्च स्तर तक बांधता है। इस संसार में हर किसी का जीवन बंधन में बंधा है। चाहे धर्म के नाम, मजहबों के नाम पर, राजनीतिक व्यवस्थाओं के नाम पर या आर्थिक व्यवस्थाओं के नाम पर। परंतु, अंतर यह है कि कुछ समाज जीवन को कठोरता से बांध देते हैं और कुछ समाज

व्यक्ति को निजी स्वतंत्रता में बांध देते हैं निजी स्वतंत्रता लगातार अधिकारों व स्वतंत्रता की खोज करता है। इसी प्रकार इस्लाम भी एक बंधन है जो जीवन को उच्च स्तर से लेकर निम्न स्तर तक कठोरता से बांध देता है। यह बंधन सिर्फ ईश्वर को प्राप्त करने का नहीं रह जाता है बल्कि निम्न स्तर की गतिविधियां जहां तक व्यक्ति की निजी स्वतंत्रता है बांध देता है। बल्कि और दूसरे मनुष्यों से अलगाव उत्पन्न करता है। यह बंधन केवल उच्च स्तर पर बंधन नहीं है बल्कि जीवन की पूर्णता को कठोरता से बांध देता है। यहां जीवन की स्वतंत्रता, स्वतंत्रता को बढ़ाना नहीं रह जाता बल्कि जीवन की कठोरता को जीना स्वतंत्रता बन जाता है। जीवन उन बंधनों को जीने के लिए बाधित है जो बंधन लगभग 1400 साल पहले लगाए इसलिए 4 बंधन बाहरी हो जाते हैं और बाहरी बंधनों को जीना जीवन नहीं होता। जीवन की प्रवृत्ति परिवर्तनशील है इसलिए मुसलमानों का जीवन दोहरा हो गया है एक ही मनुष्य के द्वारा 1400 साल पहले और आज में जीना जीवन में आंतरिक टकराव उत्पन्न करता है।

प्रथम मनुष्य मनुष्य के रूप में जीना चाहता है इसलिए वह समय के साथ बदलाव चाहता है। वह स्वतंत्रता चाहता है इसलिए अधिकतर मुसलमान मुसलमान होते हुए भी इस्लाम के बंधनों से बाहर जाकर जीवन जी रहा है किसी व्यक्ति को मुसलमान इस्लाम ने बनाया है फिर भी मुसलमान इस्लाम के बंधनों के बाहर जाकर क्यों जी रहा है और वह फिर भी मुसलमान क्यों है। इसका कारण है कि कुछ मुसलमान की स्वतंत्रता इस्लामी व्यवस्था से बाहर रहने में है जो व्यक्तिगत स्वतंत्रता को जीना चाहता है या यथार्थ जीवन को जीना चाहता है क्योंकि इस्लाम जीवन पर बाहरी बंधन लगाता है जो व्यक्तिगत स्वतंत्रता पर भी बाधा है। ये व्यक्ति मजहब की परवाह नहीं करते हैं और अपने जीवन को अपने ढंग से जीते हैं। इनको न मजहब से कोई लेना होता है ना इस आधार पर कोई राजनीतिक सत्ता चाहिए होती है। बस इनका नाम ही मुसलमान होता है बाकी का जीवन स्वतंत्र होता है। कुछ मुसलमान होते हुए भी सेक्युलर जीवन जीते हैं। पहली बात यह है कि जो अपने को पक्का मुसलमान बताते हैं वह आंतरिक तौर पर जीवन को कितनी पूर्णता से इस्लाम के अनुसार जीता है कुछ मुसलमान इसलिए इस्लाम से बाहर जाते हैं कि वह अपने को सेक्युलर दिखाना चाहते हैं। इनका सेक्युलरिजम बनावटी होता है। दिखावा मात्र होता है। वे बाहर से अपने को सेक्युलर दिखाने का प्रयास करते हैं। वे अपने को सेक्युलर दिखाने के प्रयास में अपने साथ बाहरी पहचान को जोड़ लेते हैं जैसे कि उस मुसलमान ने आधुनिक शिक्षा प्राप्त की है। कोई डिग्री प्राप्त है। या कपड़े मुसलमानों वाले नहीं पहनता या सेक्युलर समाज की किसी भाषा का ज्ञान प्राप्त कर लिया है। इस तरह के व्यक्ति को आप आसानी से पहचान सकते हैं जब वह बाहरी पहचानों के साथ जीता है तो वह ऐसा दिखाने का प्रयत्न करता है जैसे उसने जीवन की पूर्णता को स्वीकार कर लिया है वह दूसरी सभ्यताओं के वसुधैव कुटुम्बकम जैसे शब्द का प्रयोग भी करता है क्योंकि उसको सेक्युलर दिखाना होता है परंतु सेक्युलर होना किसी समाज की आंतरिक पहचान है। जो समाज जीवन की संपूर्ण विविधता को अपने में समाहित कर लेता है वही समाज सेक्युलर होता है। जीवन के हर स्तर पर किसी पहचान को स्वीकार करना है। मुस्लिम समाज उच्च स्तर पर अपने को

अन्य जीवन रूपों से अलग कर लेता है। जिस कारण यह समाज किसी अन्य समाज के साथ जुड़ नहीं सकता था किसी भी स्तर पर बराबरी के बंधनों में नहीं बांध पाता। जिन राज्यों में मुसलमानों का बहुमत है वहां पर लोकतंत्र की परवाह न करते हुए इस्लाम शासन लागू है परंतु जिन राज्यों में मुसलमानों की अल्पसंख्य है उन राज्यों में लोकतंत्र को एक हथियार के तौर पर प्रयोग किया है। उन राज्यों में मुसलमान उन राज्यों की राजनीतिक व प्रशासन का हिस्सा हो जाते हैं क्योंकि ये राज्य राजनीतिक संगठन शून्य की स्थिति में बनाते हैं किसी का मजहब नहीं देखते हैं। लेकिन यह उस लोकतांत्रिक राज्य में भी जिसमें व्यक्ति व्यक्ति के रूप में राजनीतिक संगठन का हिस्सा है। अधिकारों, स्वतंत्रता कर्तव्यों का निर्वहन करता है उस राज्य में भी अपने को मजहबी संगठन में बांध कर राजनीति को प्रभावित करते है संविधान संसद को प्रभावित करते हैं। कानूनों को प्रभावित करते हैं राजनीतिक स्थिरता को खतरा बनते हैं। राज्य को विभाजन तक ले जा सकते हैं। यह समाज उन राज्यों में भी जो लोकतांत्रिक है मजहब के आधार पर राजनीतिक संगठन बनाते है और जहां तक लाभ होता है वहां तक इस्लाम के द्वारा दिए गए अधिकारों की मांग करते हैं और जहां हानि होती है वह उस समाज की लोकतांत्रिक समानता के द्वारा दिए गए अधिकार कानूनों का लाभ उठाते हैं और समाज उन अधिकारों को मजहबी मानकर इसलिए स्वीकार कर लेता है कि यह सेक्युलर समाज की विशेषता है। इस्लाम में ऐसे कानून हैं जो स्त्री-पुरुष की समानता के तो विरूद्ध हैं परंतु जब यह समाज दूसरे समाज के बीच रहता है तो पुरुष-पुरुष की समानता के भी विरूद्ध हो जाता है। इसलिए मुस्लिम समाज किसी अन्य समाज से बराबरी, समानता, भाईचारे, न्यायपूर्ण व्यवहार धार्मिक सदभावना का संबंध बना ही नहीं पाता यह स्वाभाविक है। यदि हम सोचते हैं कि किसी मुसलमान के साथ निजी संबंध है या आर्थिक संबंध है तो वह निचले स्तर पर होते है। यह अस्थायी होते हैं यह बदलते रहते हैं। मुसलमान का जीवन उच्च स्तर पर इस्लामी बंधनों में बंधा है। या उसको इस्लाम निर्देशित करता है जो मुसलमानों व गैर-मुसलमानों में भेद करता है व संबंधों को जीवन के अंत तक ले जाता है। जब मुसलमानों का अन्यों के साथ किसी प्रकार का संबंध नहीं हो पाता तो फिर किस प्रकार का संबंध होगा वह संबंध राजनीतिक संबंध होगा।

राजनीतिक राज्य

सृष्टि में हर व्यवस्था चाहे वह भौतिक रूप में हो या जीवन रूप में हो एक व्यवस्था में रहता है। पूर्णता या पूर्णता का हिस्सा किसी भी रुप में व्यवस्था में रहना राज्य है। उस पूर्णता में एक व्यवस्थित ढंग से बंधन राज्य है। जब हम पूर्णता का पूर्णता के रुप में देखते हैं तो पूर्णता ही राज्य है। लेकिन हम जीवन का बंधन जीते हैं जीवन का बंधन हर स्तर पर जीवन को एक व्यवस्था में बांध देता है। एक व्यवस्था भी अपने आप में पूर्ण है। क्योंकि वह अपने अस्तित्व की पहचान है। एक समाज भी समाज के रूप में पूर्ण है। और मजहब भी मजहब के रूप में पूर्ण है। शरीर शरीर के रूप में पूर्ण है। जीवन की सारी विशेषताएं चाहे धर्म हो, मजहब हो, शरीर हो, एक व्यवस्था का निर्माण करती है। इसी प्रकार प्रकृति भी एक व्यवस्था का निर्माण करते हैं जिसमें जीवन के हर रूप में अपना वातावरण होते हैं जो एक व्यवस्था के रूप में कार्य करते हैं। जीवन का अपने वातावरण में रहना राज्य है। राज्य जीवन को व्यवस्थित करता है। जीवन को नियमों, व्यवहारों में बांधता है। यद्यपि राज्य अपने आप में कुछ नहीं है। यह समाजों या व्यवस्थाओं का प्रतिनिधित्व करता है क्योंकि जीवन इन समाजों या आर्थिक व्यवस्था या मजहबों के द्वारा शासित होता है। जैसे ईसाई समाज, मुस्लिम समाज, साम्यवादी व्यवस्था हिन्दु समाज आदि। मनुष्य का जीवन अनेक व्यवस्थाओं में रहता है जो जीवन को निर्देशित नियमित करते हैं। यदि व्यवस्थाएं राज्य का निर्माण करती हैं राज्य नाम वास्तव में उपनाम है जो किसी समाज के बाद लगता है जैसे ईसाई राज्य, मुस्लिम राज्य, हिन्दू राज्य या साम्यवादी राज्य। इसलिए राज्य केवल भूमि के टूकड़े का ही प्रतिनिधित्व करता है कि कोई राज्य किस क्षेत्र में स्थित है उसका क्षेत्रफल कितना है उसकी भौगोलिक सीमाएं क्या हैं। या जनसंख्या को सिर्फ संख्यात्मक रूप से बताता है कि राज्य की जनसंख्या कितनी है। ना तो क्षेत्र राज्य की अंतिम पहचान हो सकती है न जनसंख्या।

इसलिए राज्य की अंतिम पहचान समाज है या मजहब है या संस्कृति, सभ्यता है या आर्थिक व्यवस्थाओं के आधार पर पूंजीवाद लोकतांत्रिक राज्य है या साम्यवादी राज्य है। इसलिए राज्य जीवन की पहचान हो जाते हैं। राज्य जब जीवन की पहचान हो जाते है तो भौगोलिक सीमाओं का सिर्फ प्रशासनिक महत्व रह जाता है क्योंकि मनुष्य अलग-अलग समूहों में रहते हैं उसकी एक उच्च पहचान बन जाती है जो अंतिम रूप में दूसरों से अलग हो जाती है। यह पहचान समूह को

मजबूत बंधन में बांधती है जो एक राजनीतिक शक्ति का निर्माण करके एक क्षेत्र को अपने नियमों में बांध लेते हैं राज्य समूह की पहचान के रूप में ही क्यों आए हैं राज्य सिर्फ व्यक्तियों का संगठन क्यों नहीं बन पाए हैं क्योंकि मनुष्य का जीवन किसी स्तर पर उस समाज की उच्च पहचान बनाता है जो राज्य व्यक्ति को केवल राजनीतिक व आर्थिक बंधनों में बांधते हैं व्यक्ति की कोई अन्य पहचान नहीं होती नागरिक के अलावा वही राज्य व्यक्तियों का समूह होते हैं इसलिए आज राज्य व्यक्तियों का संगठन में होकर पहचानों, मजहब, संस्कृतियों का संगठन है। इसलिए किसी राज्य का संबंध भी पहचानों का संबंध है जैसे पाकिस्तान से संबंध राज्य का न होकर एक मजहबी संगठन से संबंध है। इसलिए व्यक्ति का व्यक्ति से संबंध होकर व्यवस्थाओं के माध्यम से संबंध बनता है। और ये पहचानें विशाल राज्यों का निर्माण करती है जैसे इसाई राज्य, मुस्लिम राज्य, हिंदू राज्य, साम्यवादी राज्य। यह संख्या की दृष्टि से विशाल राज्य बनाते हैं, बल्कि विशाल सैनिक शक्तियों का निर्माण भी करते हैं इसलिए यह राज्य युद्धों को भयानक बना देते हैं। युद्ध व्यक्तियों की निजी जरूरतों के लिए नहीं बल्कि पहचानों का होता है। हिंदू समाज के अलावा कोई भी ऐसा समाज नहीं है जो इन पहचानों को एक समाज में समाहित कर पाए और हिंदुओं ने संसार के मनुष्यों को एक करने का प्रयास इस स्तर पर नहीं कर पाया। इसका कारण यह है कि भारत पर लगातार हजारों वर्षों से बर्बर आक्रमण होते आए हैं। और आज भी जारी है। भारत पर आक्रमण करने वाले समूह जीवन के निचले स्तरों पर ही थे। जिस कारण से जीवन की उच्चता के अनुसार अपने को ढाल नहीं पाए जिस कारण उन्होंने समाज को हिंसात्मक तौर पर नष्ट करने का प्रयास किया। यदि ईसाई और मुसलमान इस समाज में समाहित नहीं हो पाए है तो यह इन समाज की आंतरिक बंधन है। ईसाइयत और इस्लामियत जीवन का एक बंधन है जो अन्यों से अलगाव उत्पन्न करता है। यही कारण है कि मुसलमान भारत में कई साल से रहते हुए भी हिंदू समाज में समाहित नहीं हो पाए हैं। जबकि हिंदुओं का समाज जीवन को निम्न स्तर से लेकर उच्च स्तर तक लोकतांत्रिक बनाता है। हिंदू समाज उस सागर के समान है जिसमें एक साथ हजारों नदियां समाहित हो सकती हैं। हिंदुओं का जीवन की पूर्णता को स्वीकार करना ही संसार को एक करना है। जीवन को व्यक्तिगत बनाना ही संसार में लोकतंत्र की स्थापना होगी। लेकिन मुसलमान अपने जीवन के बंधनों को जी रहे हैं। ईसाइयों में सुधार के बाद जीवन को निचले स्तर पर आर्थिक व राजनीतिक लोकतंत्र की स्थापना तो कर पाया है। आंतरिक मजहबी कट्टरता को तो समाप्त कर पाया है फिर भी जीवन को पूर्णता से स्वीकार कर नहीं पाया है। और ना ही जीवन को उस उच्च स्तर तक ले जा सका जिस स्तर तक हिंदू समाज आध्यात्मिक, ध्यान, योग, समाधि के स्तर ले गया, यदि सारे मजहब अपनी ऐसी सीमाओं को जी रहे हैं जो उस पहचान को बनाए रखती है जो अलगाव पैदा करती हैं या जीवन के बंधनों को जी रहे हैं। तो हिंदुओं को भी अपने जीवन की व्यापकता, उच्चता, पूर्णता, स्वतंत्रता के अधिकारों को पहचान कर बचाने के लिए हिंदू के रूप में भी बंधना होगा।

जब आप हिंदू के रूप में बंधे हैं तो इसका कारण यह नहीं है कि आप जीवन की पूर्णता को स्वीकार नहीं पाते। या आप मनुष्य को मनुष्य के रूप में स्वीकार नहीं कर पाते। या आप

धार्मिक स्वतंत्रता के विरूद्ध है। या आप सेक्यूलर नहीं है। या आप मजहब के विरोधी हैं। आप जीवन को पूर्णता के साथ स्वीकार कर चुके हैं। लेकिन आप वह अपने जीवन की उच्चता को बचाना है। आपने सभ्यता के तौर पर विकसित की, अपने जीवन मूल्यों को बचाना है जो जीवन को व्यवस्थित करते हैं। अपने आदर्श पुरुषों को बचाना है जिन्होंने व्यक्तिगत स्तर पर जीवन को उच्चता के शिखर पर पहुंचाया है जैसे भगवान श्री राम, कृष्ण, बुद्ध महावीरा। अंतिम रूप में जीवन की पूर्णता को बचाना है। व्यापकता को बचाना है या जीवन को जीवन के रूप में बचाना है यदि सबसे निचले स्तर पर देखें तो जीवन को शरीर के रूप में बचाना है। जो जीवन अपने को सिर्फ शरीर के स्तर पर भी लेकर जागरूक हो जाए वह अपने अस्तित्व को बचाने का प्रयास करता है। और शरीर सिर्फ शरीर नहीं होता उसके साथ जन्म या मृत्यु ही नहीं होती है उसके साथ जीवन जुड़ा होता है। उसके साथ जीवन मूल्य जुड़े होते हैं। उसके साथ पहचान जुड़ी होती है। और सबसे बड़ी बात उस शरीर के साथ संबंध जुड़े होते हैं। स्त्री के संबंध में मां, बहन, पत्नी, पुत्री, और पुरुष के संबंध में, पिता, भाई, पति, पुत्र आदि। इसलिए हमारा हिंदू के रूप में संगठित होना जीवन की संकुचितता के विरुद्ध व्यापकता, धार्मिक कट्टरता के विरुद्ध धार्मिक स्वतंत्रता, बाहरी बंधनों के विरुद्ध आंतरिक स्वतंत्रता। इसलिए हिंदुओं को अपने को राज्य के रूप में संगठित करना होगा उन्हें राजनीतिक शक्ति के रूप में संचालित होकर राजनीतिक सत्ता का निर्माण करना होगा। कानून का निर्माण करना होगा।

ईसाइयत और इस्लाम जीवन के बाहरी बंधन है जो व्यक्तिगत जीवन को एक विशेष सीमाओं में बांध देते हैं और यह सीमाएं जीवन पर अंतिम हो जाती हैं। मनुष्य उन्हीं सीमाओं के भीतर रह कर अपने जीवन को जी सकता है। इस कारण ईसाई समाज व मुस्लिम समाज, हिंदू समाज की व्यापकता को समाहित नहीं कर पाता। यदि कोई हिंदू, ईसाई या मुसलमान बनता है तो इन समाजों के बाहरी बंधन जीवन को उस स्तर तक नष्ट कर देते हैं जिस स्तर तक समाजों के बंधन नहीं बंध पाते। इसलिए हिंदू का हिंदू रहना जीवन की उच्चता व व्यापकता पूर्णता के लिए जरूरी है। एक राज्य वास्तव में राजनीतिक सत्ता का नाम है एक राज्य वास्तव में कानूनी बंधन के रूप में व्यक्ति पर शासन करता है। कुछ राज्य जो मजहबी रूप से व्यक्ति पर शासन करते हैं वह व्यक्ति पर बाहरी बंधन के रूप में शासन करते हैं या आर्थिक साम्यवाद जो व्यक्ति पर बाहरी बंधन लगता है। बाहरी बंधन तब होता है जब व्यक्ति का जीवन किसी व्यवस्था या मजहब में ढाला गया हो। बाहरी बंधन व्यक्ति को जीवन की व्यापकता एक स्तर तक नष्ट करते हैं। वास्तव में मजहबी राज्य व साम्यवादी राज्य लोकतांत्रिक नहीं है। लोकतांत्रिक राज्य वह है जहां व्यक्ति व्यक्ति के रूप में रहता है। लोकतंत्र व्यक्ति की व्यक्ति के रूप में पहचान है जो मजहबी कट्टरता वाले समाज लोकतंत्र की बात करते हैं वे पाखंडी हैं। क्योंकि लोकतंत्र सिर्फ राजनीतिक स्तर पर नहीं होता है या सिर्फ चुनाव में सभी को बराबरी व पद लड़ने की बराबरी का अधिकार नहीं है यह सिर्फ एक स्तर है। लोकतंत्र जीवन को निचले स्तर से उच्च स्तर तक फैला देता है। जो समाज दूसरे समाज को सिर्फ मजहबी आधार पर अस्विकार कर दे वह उस समाज के साथ कैसे इस लोकतंत्र का निर्माण कर पाता है।

लोकतांत्रिक राज्य वही हो सकता है जो जीवन को संपूर्णता की रक्षा कर सकें। अर्थात व्यक्ति के निजी जीवन की व्यक्ति को किसी भी स्तर पर नष्ट करने की जरूरत नहीं पड़ती। व्यक्ति के अपने जीवन की संकुचितता व व्यापकता होती है। संकुचितता भी उसका जीवन है और व्यापकता भी। यह समाज की सीमा के साथ व्यक्ति की सीमा भी है। हिंदू समाज ही लोकतांत्रिक राज्य का निर्माण कर पाता है क्योंकि इस समाज में यह संभावना है कि वह व्यक्ति के जीवन को उच्च स्तर से लेकर निजी स्तर तक व्यक्तिगत बना सकता है। हिंदू समाज में यह संभावना है समाज के सभी मतों, मजहब में रह सकते हैं, क्योंकि हिंदू समाज ने जीवन को व्यक्ति केंद्रित बनाया है जिस कारण समाज इस बात की स्वतंत्रता देता है कोई किस मत, विश्वास को माने। अगर यह समाज ईश्वरी मतों को लेकर संघर्ष करता तो इस समाज में आंतरिक संघर्ष होते। क्योंकि व्यक्ति किस किस प्रक्रियाओं को अपनाता है यह व्यक्ति या निजी विश्वास है जो अनुभव है।

राज्य का विकास स्वाभाविक संस्था के रूप में हुआ है। जीवन का हर रूप अपना एक वातावरण का निर्माण करता है जो इस जीवन रूप का राज्य है। वास्तव में राज्य एक मनुष्य का संगठन है। यदि सिर्फ मनुष्यों का संगठन है तो सभी राज्य समान होने चाहिए। राज्य की पहचान मनुष्य के संगठन की पहचान है। क्योंकि किसी समूह के नियमों में इस व्यवहार में स्वाभाविक तौर पर बंधा है। वह इस संगठन की सीमा है। क्योंकि जीवन प्राकृतिक है समूह प्रकृति है इसी प्रकार मनुष्यों का राजनीतिक संगठन भी प्रकृति होता है। परंतु राज्य व्यक्ति के जीवन पर कितना प्रभाव डालेगा या राज्य व्यक्ति को कितनी स्वतंत्रता देगा या कितने अधिकार देगा यह राज्य की अपनी विशेषता नहीं है। यदि यह राज्य की अपनी विशेषता होती तो सभी राज्य समान होते और सभी का समान संविधान होता है परंतु हर समाज की अपनी विशेषता होती है, पहचान होती है वह पहचान व विशेषता राज्य की विशेषता होती है।

किसी समूह की कोई पहचान या विशेषता होना स्वाभाविक है। राज्य का अर्थ व्यक्तियों का एक ऐसा संगठन है जहां किसी व्यक्ति के रूप में शून्य की स्थिति में बंधा है या किसी, मजहबी, धार्मिक, सांस्कृतिक पहचान का संगठन है। इसलिए कोई ईसाई, मुस्लिम, हिंदू हो सकता है। हर समाज कि अपनी पहचान है उस पहचान को पूर्णता के रूप में बचाने का अधिकार होना चाहिए। जिस तरह ईसाई व मुस्लिम राज्य हैं उसी तरह हिंदुओं को भी अधिकार है कि वे अपना राज्य का निर्माण करें। क्योंकि राज्य सिर्फ व्यक्तियों के भौगोलिक क्षेत्र का प्रतिनिधित्व नहीं करता बल्कि उस समूह की संस्कृति की पहचान भी बचाने का अधिकार है। और व्यक्ति को अपने जीवन की पूर्णता को बचाने का अधिकार है। एक राज्य व्यक्तियों का राजनीतिक संगठन है जो सिर्फ कानूनी स्तर पर भी बंधे हो सकते हैं।

हम सही अर्थों में जान सके तो राज्य की पहचान राजनीतिक संगठन है। राज्य राजनीतिक संगठन की पहचान है। जब किसी क्षेत्र में मनुष्यों पर मनुष्य की सत्ता स्थापित होना ही राजनीतिक संगठन है या राज्य है। एक राज्य के भीतर जनसंख्या व्यक्तियों का समूह हो भी हो सकती है। या जनसंख्या विभिन्न पहचान समूहों में बंधी हो सकती है। चाहे व्यक्तियों का समूह हो, चाहे पहचान

का समूह हो, वह जनसंख्या को एक स्तर तक बांधती है। यदि व्यक्ति सिर्फ व्यक्ति के रूप में राज्य का निवासी है तो भी वह अपनी जरूरतों के हिसाब से एक राजनीतिक शक्ति का निर्माण करता है। वह निचले स्तर का बंधन होगा, परंतु जनसंख्या ईसाई, मुस्लिम, हिंदू में बंधी है जो जीवन का उच्च स्तर का निर्माण करते हैं। राज्य की भौगोलिक सीमाएं सिर्फ भूमि को अलग-अलग टुकड़ों में बांधती है। मजहब धर्म, संस्कृति जीवन का उच्च आधार है।

जो व्यापक या गहरे अर्थों में जोड़ती है। इसलिए ऐसे बंधन बने है जो राज्यों को एक करते हैं। इस संदर्भ में तो राज्यों का अर्थ ही नहीं रह जाता। यदि धर्मों के आधारों पर पांच छ: समूह ही बनेंगे। आर्थिक विचारधारा के आधार पर संसार केवल तो ही राज्यों में बंट गया जैसे मुसलमान राज्यों की सीमाओं से ऊपर उठकर मजहब के बंधन बंधकर अपना संबंध पचास, पचपन राज्य से जोड़ लेते हैं। यहां पर यह सीमाएं राज्यों को भौगोलिक दृष्टि से बांटती है सिर्फ प्रशासनिक सीमाएं रह जाती है इसलिए यह पहचाने ही अंतिम संगठन के तौर पर भी होती हैं। लेकिन एक सामाजिक, सांस्कृतिक, मजहब, संगठन, राजनीतिक सत्ता तभी बन पाता है जब उसमें यह शक्ति होती है कि वह एक ताकत के द्वारा या बहुमत निर्माण के द्वारा राजनीतिक शक्ति प्राप्त कर पाता है। राजनीतिक राज्य अंतिम रूप में बंधा होता है। वह पूर्ण है। अपने अंदर घटने वाली घटनाओं के प्रति आंतरिक रूप से जिम्मेदार है। वह बाहरी रूप से किसी के प्रति उत्तरदायी नहीं है। इसलिए एक राज्य में रहने वाले व्यक्ति किस आधार पर राजनीतिक शक्ति के रूप में संगठित होते हैं यह उस राज्य की आंतरिक पहचान है। वह उस समाज की सीमा है कि वह किस संगठन को राजनीतिक संगठन बनाता है या राजनीतिक शक्ति का निर्माण करता है। वह राजनीतिक शक्ति किस तरह राजनीतिक संस्थाओं का निर्माण करती है। स्वतंत्रता कितनी है। अधिकार, न्याय, दंड उस राजनीतिक शक्ति की आंतरिक सीमाएं हैं जो राज्य की पहचान है। यह राज्य के भीतर आरंभ होते हैं व भीतर समाप्त होती है। जिस तरह शरीर अपने आप में पूर्ण है उसी प्रकार राज्य भी अपने आप में पूर्ण है उस पर भारी नियंत्रण राज्य की प्रभुसत्ता के विरुद्ध होगा। सैन्य राज्य की अपने आप में इतनी ही पहचान है कि वह एक भूभाग जिस पर राजनीतिक शक्ति के अधिक मनुष्य रहते हैं। और राजनीतिक शक्ति व्यक्ति के जीवन में कितने पक्षों की रक्षा कर पाती है या उस राजनीतिक शक्ति की किसी मनुष्य के जीवन की किस हद तक नियंत्रण करना पड़ता है। यह उस राजनीतिक शक्ति की पहचान है। जो किसी समाज के द्वारा लागू होती है। जैसे ईसाई राज्य, मुस्लिम राज्य, हिंदू राज्य, साम्यवादी राज्य। ईसाई राज्य को ईसाई कहना उस अर्थ में सही नहीं है क्योंकि ऐसा ही मजहब में सुधार होने के बाद यह व्यक्ति के जीवन के एक पक्ष से संबंधित है। इसलिए उसे एक राजनीतिक संगठन व आर्थिक व्यवस्था कहना चाहिए जो व्यक्ति को समानता के आधार पर आर्थिक व राजनीतिक अधिकारों व स्वतंत्रता की रक्षा करता है। हिंदू राज्य भी हिंदू होते हुए व्यक्ति के जीवन की व्यक्तित्व की स्वतंत्रता की रक्षा करता है। जीवन की पूर्णता की रक्षा करता है। जीवन को उच्च स्तर से लेकर निम्न स्तर तक लोकतांत्रिक बनाता है। इसलिए हिंदू व ईसाई लोकतांत्रिक हैं। परंतु हिंदुओं ने जीवन को उच्च स्तर पर भी लोकतांत्रिक बनाया है और जीवन को आध्यात्मिकता, योग, ध्यान, समाधि से

जोड़कर उच्चता प्रदान की है जो जीवन की स्वतंत्रता को उच्च स्तर तक ले जाता है, ईसाई समाज ने राजनीतिक व धार्मिक सुधारों के द्वारा उन बाहरी बंधनों को तोड़कर जीवन को स्वतंत्र बनाया है, हिंदुओं ने जीवन को व्यापक बनाकर धर्म को गहराई से जानकर जीवन को स्वतंत्र बनाया है, यदि कोई ईसाई अपने जीवन को इतना व्यापक वह पूर्णता के साथ नहीं जी सकता तो वह जो हिंदुओं ने आध्यात्मिकता, योग, ध्यान, समाधि के स्तर पर विकसित की है तो यह व्यक्ति का निजी बंधन है। यदि कोई हिंदू स्वतंत्रता का प्रयोग नहीं कर सकता है जो उस समाज ने उत्पन्न की है तो यह उसकी निजी कमी है। यदि मुसलमान या साम्यवादी विचारधारा में बंधे हुए व्यक्ति जीवन की पूर्ण स्वतंत्रता का आनंद नहीं ले पाते तो यह मनुष्यों पर विचारधाराओं के बाहरी बंधन है। जीवन पर आंतरिक बंधन इस हद तक व्यक्ति की स्वतंत्रता को प्रभावित नहीं करते जिस स्तर तक बाहरी बंधन प्रभावित करते हैं। इसलिए मुस्लिम शासन ही सही अर्थ में मजहबी शासन है।

राजनीतिक शक्ति - प्रथम रूप में राजनीतिक शक्ति सिर्फ एक शक्ति है। राजनीतिक शक्ति ही एक राज्य की पहचान है। राजनीतिक शक्ति ही राज्य का प्रतिनिधित्व करती है, संविधान बनाती है। राज्य की आंतरिक व्यवस्था बनाती है। प्रथम रूप में राजनीति शक्ति शासित इसलिए है के चाहे बहुमत के आधार पर अर्थात लोकतंत्र के आधार पर हो शक्ति का निर्माण चाहे बल के द्वारा प्राप्त की हो तब भी शक्ति बनाती है। इसका अर्थ यह है कि चाहे राजनीतिक शक्ति किसी भी पहचान से निकली हो, किसी भी प्रकार सत्ता में आई हो उसके पास अंतिम रूप में ताकत का प्रयोग करने का अधिकार है। इस प्रकार राजनीतिक शक्ति राज्य की पहचान है। वह राज्य की तरफ से बाहरी वह आंतरिक बल प्रयोग कर सकती है। इसका अर्थ यह है कि एक राज्य बाहरी युद्ध ही नहीं बल्कि आंतरिक क्षेत्र में भी ऐसी शक्तियों को नष्ट कर सकता है जो राज्य की एकता, अखंडता को नुकसान व कानून व्यवस्था को बन सकती है। इसलिए राज्य को खतरा बाहरी तौर पर नहीं होता राज्य एक व्यवस्थित जीवन की पहचान है जो कानून संविधान व्यवस्था के नाम पर कार्य करता है। राज्य की आंतरिक व्यवस्था को अन्य बाहरी आक्रमण से ही नहीं होगा बल्कि आंतरिक शक्ति से भी खतरा हो सकता है।

राज्य की सुरक्षा किसी भी संगठन की राजनीतिक शक्ति पर निर्भर है। राजनीतिक शक्ति अंतिम रूप में युद्ध भी कर सकती है। राजनीतिक शक्ति का निर्माण राज्य का सबसे मजबूत संगठन करता है चाहे वह किसी भी आधार पर बना हो, चाहे नस्ल, मजहब, धर्म आदि। इसी प्रकार कि राज्य में राजनीतिक शक्ति का निर्माण ईसाई, मुस्लिम, हिंदू या साम्यवादी व्यवस्था करते हैं। ईसाई व हिंदू तो मिलकर राजनीतिक सत्ता का निर्माण कर सकते हैं परंतु मुसलमानों के साथ मिलकर राजनीतिक सत्ता का निर्माण करना संभव नहीं है क्योंकि मुसलमानों का जीवन गैर मुसलमानों के प्रति उनके अस्तित्व को स्वीकार नहीं कर पाता। राजनीतिक शक्ति सिर्फ शक्ति इसलिए है क्योंकि यह किसी संगठन से निकलती है। इसलिए राजनीतिक अधिकार होने या राजनीतिक स्वतंत्रता होने से पहले राजनीतिक शक्ति पहले है। इस कारण राजनीतिक स्वतंत्रता, या अधिकारों की उत्पत्ति

बाद में होती है। या राजनीतिक स्वतंत्रता या अधिकार उन नागरिकों के लिए होते हैं जो राजनीतिक शक्ति का निर्माण करते हैं। जो समाज राजनीतिक शक्ति का निर्माण करते हैं। जो समाज राजनीतिक शक्ति का निर्माण नहीं कर सकता वह समाज की नागरिकों के कोई राजनीतिक स्वतंत्रता नहीं मिलती जिस प्रकार यदि किसी राज्य में मुसलमान राजनीतिक शक्ति का निर्माण करते हैं तो उस राज्य के राजनीतिक स्वतंत्रता व अधिकार भी मुसलमानों के पास होंगे। इसलिए राजनीतिक शक्ति संगठन है। इसके लिए संगठन होना जरूरी है। राजनीतिक संगठन होना ही राजनीतिक शक्ति का निर्माण करता है और राजनीतिक शक्ति ही राजनीतिक सत्ता का निर्माण करती है। वही राज्य का प्रतिनिधित्व करती है। अधिकारों स्वतंत्रता न्याय समानता को परिभाषित करती हैं उसकी रक्षा करती है। जब मुसलमान राजनीतिक शक्ति का निर्माण करते हैं तो सिर्फ मुसलमान ही राजनीतिक स्वतंत्रता व अधिकारों का प्रयोग करते हैं। क्योंकि मजहब संगठन है राजनीतिक संगठन का आधार है इसी प्रकार साम्यवादी विचारधारा का निर्माण करती है तो वह केवल उन व्यक्तियों को राजनीतिक सत्ता का भागीदार बनाती है जो उस विचारधारा से प्रतिबद्धता से बंधे हो। यदि ईसाई व हिंदू किसी राज्य में राजनीतिक सत्ता का निर्माण करते हैं तो उन्होंने राजनीतिक स्वतंत्रता व अधिकारों को उन समाजों के लिए भी बना दिया है जो इन अधिकारों के लायक नहीं है। या राजनीतिक व्यवस्था में ऐसे लोग भी घुस जाते हैं जो वास्तव में उस व्यवस्था के लिए बने ही नहीं होते हैं। क्योंकि हिंदू व ईसाई अपनी राजनीतिक वह प्रशासनिक संगठन का निर्माण शून्य की स्थिति में करते हैं। इस कारण यह समाज व्यक्ति का राजनीतिक व प्रशासनिक क्षमता को ही देखते हैं और व्यक्तिगत योग्यता के आधार पर ऐसे समाजों के व्यक्ति भी इन राज्यों की राजनीतिक व प्रशासनिक ढांचों में चले जाते हैं जो अंतिम रूप में व्यवस्था के प्रति उत्तरदायी नहीं होते बल्कि अपने मजहबी व्यवस्था के प्रति उत्तरदायी होते हैं। इस कारण यह समाज मजहब के आधार पर एक ही राज्य में दूसरा राज्य खड़ा कर देते हैं। इसलिए ईसाई व हिंदू समाज से निकली हुई राजनीतिक संस्थाओं में यह संभावना है कि वह संस्थाओं में उच्च पदों पर मुसलमान पहुंच जाए जो उस व्यवस्था को खतरा बन सकते हैं। परंतु मुस्लिम राज्यों ने यह संभावना पूरी तरह से समाप्त कर दी है कि कोई उस राज्य की राजनीतिक संगठन को खतरा बन सके। इसलिए हिंदुओं व ईसाइयों को भी अपनी राजनीतिक संस्थाओं में ऐसे तत्वों को नहीं आने देना चाहिए जो उस व्यवस्था को नुकसान पहुंचा सके। क्योंकि राजनीतिक शक्ति ही इन समाजों की स्वतंत्रता की रक्षा करेगी जो इस समाज ने प्राप्त की है।

राजनीतिक शक्ति आप पर एक सत्ता या स्वीकार्य शक्ति के रूप में कार्य करेगी या आप पर एक हिंसा के रूप में कार्य करेगी। यह इस बात पर निर्भर होता है कि आप किस समाज से संबंधित है और आप जिस राज्य में रहते हैं उस राज्य में कौन सा समूह राजनीतिक सत्ता का निर्माण करता है। यदि कोई मुसलमान मुस्लिम राजनीतिक शक्ति के अधीन रहता है तो यह उस पर एक स्वाभाविक सत्ता है। चाहे वह लोकतंत्र हो, चाहे सैनिक तंत्र हो, चाहे कोई कट्टर इस्लामी संगठन हो क्योंकि यह इस समाज की आंतरिक पहचान है। यदि किसी मुसलमान को इस्लामी राज्य में

रहना लोकतंत्र के अनुसार नहीं लगता है तो यह उस स्तर की आंतरिक समस्या है इसके लिए मुसलमान के आंतरिक तौर पर संघर्ष करना पड़ेगा। चाहे इस्लामी शासन मुसलमान के अधिकारों को बढ़ाता है या घटाता है यह उस समाज की सीमा है। यदि मुसलमान को लगता है कि इस्लाम में रहने से उसको वह स्वतंत्रता नहीं मिलती जो स्वतंत्रता अन्य लोकतांत्रिक राज्यों में है तो इसके लिए राज्य जिम्मेदार नहीं है बल्कि इस्लाम जिम्मेदार है। इसलिए मुसलमान को या तो इस्लामी समाज में सुधार करने होंगे या इस्लामी ढांचे से बाहर आना होगा। आप अपने समाज की कट्टरता लेकर दूसरे समाजों में नहीं जा सकते अर्थात दूसरे राज्यों में नहीं जाते। यदि आप मुसलमान रूप में दूसरे राज्यों में जाते हैं जो उस राज्य की नागरिकों के लिए खतरा बन सकते हैं। जब एक मुसलमान दूसरे मुसलमान को सहन नहीं कर पाता उसे काफिर कहकर इस्लाम से निकाल सकता है और आप यह उम्मीद रखें की गैर मुसलमान आपको आपके विशेषाधिकार दें और इस्लाम के नाम पर कुछ भी करने की स्वतंत्रता दें। क्या जिन राज्यों में आप अल्पसंख्यक है उन राज्यों की कोई कानून व्यवस्था नहीं होता। आपका उन राज्यों में अल्पसंख्यक होना ही किसी का बहुसंख्यक होना है।

इसी प्रकार ईसाइयों की राजनीतिक शक्ति ईसाइयों पर एक राजनीतिक सत्ता के तौर पर कार्य करती है चाहे पोप या धर्म की सत्ता हो, चाहे निरंकुशता की सत्ता हो, चाहे आधुनिक राजनीतिक वह आर्थिक लोकतंत्र हो क्योंकि कट्टरता भी इसी समाज में उत्पन्न हुई थी और राजनीतिक निरंकुशता भी। और राजनीतिक, आर्थिक सुधार भी इसी समाज में हुए। इसी तरह हिंदुओं की राजनीतिक सत्ता हिंदुओं पर स्वाभाविक है। अपने समाज की भी सत्ता के अधीन रहना इस प्रकार है जैसे अपने शरीर पर अपनी सत्ता। इसी प्रकार किसी का हिंदू होना, बौद्ध होना, जैन होना, सिख होना, ईसाई होना, यहूदी होना व्यक्ति की निजी सत्ता है। हर सत्ता किसी के जीवन में कुछ स्वतंत्रता उत्पन्न करती है। कुछ व्यक्ति के जीवन पर बंधन लगाती है। यह स्वतंत्रता ब बंधन समाज के आंतरिक हो जाते हैं। यदि किसी को लगता है क्यों उसका समाज व्यक्ति के जीवन को ऐसे बंधनों में डालता है जो उसकी स्वतंत्रता को कम करता है तो वह उस बंधन के प्रति समाज को तैयार कर सकता है। जो व्यक्ति को ऐसी स्वतंत्रता की प्रति संघर्ष के लिए तैयार कर सकता है। इसलिए स्वतंत्रता व अधिकार को अपने समाज में पैदा किया जाता है। न कि अपनी मजहबी कट्टरता है कि संतुष्टि के लिए दूसरे समाजों व संस्कृति को नष्ट किया जाता है। यदि कोई समाज दूसरे समाज पर राजनीतिक सत्ता का निर्माण करता है तो यह बाहरी राजनीतिक शक्ति होगी जैसे किसी राज्य में मुस्लिम बहुसंख्यक हैं तो यह स्वाभाविक है कि वह राजनीतिक सत्ता का निर्माण करेंगे। इसके अतिरिक्त जो गैर मुसलमान है वह वास्तव में इस्लामी राजनीतिक शक्ति के अधीन होंगे और वह राजनीतिक शक्ति मजहब के रूप में शासन करेगी। वह वास्तव में मजहबी सत्ता होगी। जो आपको इस्लामी व्यवस्था में डालेगी। या इस्लामी कानूनों का आपके जीवन पर प्रभाव पड़ेगा।

अब हम ऐसे राज्यों का वर्णन करेंगे जहां हिंदू या ईसाई राजनीतिक सत्ता का निर्माण करेंगे। हिंदू या ईसाई किसी राज्य में बहुसंख्यक हैं। इस तरह के राज्यों में राजनीतिक सत्ता लोकतांत्रिक तरीके से निर्मित होती है। इस प्रकार यहां पर कोई भी व्यक्ति चाहे अल्पसंख्यक समुदाय का सदस्य

क्यों न हो अपनी योग्यता वह चुनाव के द्वारा राजनीतिक वह प्रशासनिक पद प्राप्त कर लेता है। और ऐसी भी संभावना है इन राज्यों में कि ऐसे अल्पसंख्यक समूह के लिए कुछ राजनीतिक व प्रशासनिक पद आरक्षित रहे हो। क्योंकि इन समूहों का राजनीतिक स्तर होता है। इस स्वतंत्रता का प्रयोग करके आसानी से राजनीतिक सत्ता का हिस्सा हो जाते हैं। और अल्पसंख्यक होने के नाते कुछ विशेषाधिकार भी प्राप्त कर लेते हैं। अब हम बात करेंगे की कौन सी राजनीतिक सत्ता आपके अधिकारों को सीमित करती है या कौन सी सत्ता आपके अधिकारों वह स्वतंत्रता को बढ़ाती है। स्वतंत्रता व अधिकार उस समाज की पहचान होते हैं। वास्तव में स्वतंत्रता किसी समाज के द्वारा ही प्राप्त की जाती है इसलिए कोई समाज व्यापक स्वतंत्रता उत्पन्न करता है कोई समाज सीमित स्वतंत्रता प्राप्त करता है। यह तुलनात्मक है क्योंकि अपने आप में सब कुछ पूर्ण है क्योंकि कुछ जीवन की व्यापकता को जीते हैं, कुछ संकुचितता को। इसलिए सेक्यूलर स्टेट न जीवन की स्वतंत्रता बढ़ाता है ना घटाता है ना किसी को कोई सुविधाएं देता है ना किसी पर बंधन लगाता है। अर्थात व्यक्ति को व्यक्ति के स्तर पर कानून, व्यवस्था, न्याय, स्वतंत्रता, अधिकार, कर्तव्य के बंधनों में बांधना। इस प्रकार यदि कोई अल्पसंख्यक हिंदू राज्य वह ईसाई राज्य में रहता है तो बंधन में वह अल्पसंख्यक अपने जीवन की पूर्णता को प्राप्त करता है। उसके जीवन के किसी भी स्तर पर बंधन नहीं लगाया जा सकते हैं। किंतु समाज अपनी राजनीतिक धार्मिक सत्ता के अधीन किसी भी व्यक्ति के अधिकारों को नष्ट नहीं कर पाता। ईसाई अपनी उस सत्ता के अधीन जो राजनीतिक वह आर्थिक स्वतंत्रता प्रदान करती है। किसी भी व्यक्ति के अधिकारों को नष्ट नहीं कर पाती। इसका कारण यह है कि हिंदुओं की स्वतंत्रता उनके जीवन की व्यापकता है। जिस कारण अन्य मत इस समाज का इस प्रकार हिस्सा हो जाते हैं जैसे नदिया सागर का। ईसाइयत में सुधार के बाद इस समाज ने भी जीवन को खोल दिया है। व्यक्ति की स्वतंत्रता सभी सीमित होती है जब मुसलमान राजनीतिक सत्ता का निर्माण करके न केवल अपने जीवन को बल्कि अन्यों के जीवन को भी इस्लाम के आधार पर देखते हैं। या फिर जीवन में कृत्रिम समानता की स्थापना के लिए कृत्रिम असमानता पैदा कर देते हैं। राजनीतिक स्थिरता राज्य की स्थिरता है। राजनीतिक स्थिरता जीवन की पूर्णता की रक्षा करती है। राजनीतिक स्थिरता राजनीतिक शक्ति की पहचान है। किसी राज्य में राजनीतिक स्थिरता राज्य के उस संगठन की स्थिरता से है जो संगठन राजनीतिक सत्ता का निर्माण करता है अर्थात राजनीतिक शक्ति रखता है राजनीतिक स्थिरता राज्य की पूर्ण आंतरिक वह बाहरी स्थिरता है। एक राज्य उस पहचान के साथ जो पहचान राज्य की पहचान होती है। यह राज्य के क्षेत्र की सुरक्षा व कानून व्यवस्था की सुरक्षा से है। राजनीतिक स्थिरता वास्तव में जीवन की स्थिरता है। एक राज्य के लिए बाहरी खतरों व आंतरिक खतरों से आजादी है। राजनीतिक शक्ति का निर्माण कोई संगठन करता है चाहे वह किसी भी प्रकार का संगठन हो। उस संगठन से राजनीतिक सत्ता या कानून व्यवस्था का निर्माण होता है। इस प्रकार राजनीतिक स्थिरता उस संगठन के बने रहने में है। जिस प्रकार किसी राज्य में हिंदू, मुसलमान, ईसाई राजनीतिक सत्ता का निर्माण करते हैं अर्थात राज्य का निर्माण करते हैं। उसी प्रकार राज्य में उस संगठन का बने रहना राजनीतिक स्थिरता है।

राजनीतिक स्थिरता का अर्थ किसी पहचान, समूह का उस पूर्णता के साथ बने रहना ही राजनीतिक स्थिरता है। अर्थात उस शक्ति का बने रहना जो राजनीतिक सत्ता का निर्माण करती है। राजनीतिक स्थिरता राज्य की वह शक्ति है जो जीवन को अर्थात कानून व्यवस्था स्वतंत्रता अधिकार को एक स्तर पर बनाए रखती है। यह जनसंख्या का सबसे मजबूत संगठन करता है। किसी राज्य में किस समाज का बहुमत है यह उस राज्य में राजनीतिक सत्ता का निर्माण करेगा। यह राजनीति नहीं है। समाज का वह संगठन राजनीतिक सत्ता का निर्माण करता है जो राजनीतिक रूप से संगठित है। विश्व के ज्ञात इतिहास में कितने ही ऐसे मौके आए हैं जब अल्पसंख्यकों ने बहुसंख्यकों पर राजनीतिक सत्ता का निर्माण क्या है। जब अल्पसंख्यक बहुसंख्यकों पर राजनीतिक सत्ता का निर्माण करते हैं तो यह वास्तव में राजनीतिक गुलामी होती है। जब बहुसंख्यक अल्पसंख्यकों पर शासन करते हैं तो यह एक स्वाभाविक विशेषता है और यह लोकतंत्र है वह ताकत के द्वारा शासन करता है एक राज्य का प्रशासनिक ढांचा कानून व्यवस्था स्वतंत्रता अधिकार न्याय क्या होगा यह वह समाज तय करता है जो राजनीतिक शक्ति के द्वारा राज्य का निर्माण करता है अर्थात राजनीतिक सत्ता का निर्माण करते हैं कोई समाज किस तरह से सरकार का निर्माण करता है यह उस समाज की आंतरिक स्वतंत्रता है यह उसका जीवन का व्यवहार है जीवन का व्यवहार हर स्तर पर जीवन को नियमित करता है न केवल व्यक्तिगत स्तर बल्कि सार्वजनिक स्तर पर भी। जैसे पहले बताया गया है एक समाज जो अपने आप में पूर्ण है उसकी अपनी व्यवस्था हर स्तर पर जीवन को बांधती है एक समाज में आंतरिक तौर पर होने वाले परिवर्तन उस समाज की स्वाभाविक विशेषता है। समाज आंतरिक तौर पर चाहे किसी भी क्षेत्र में परिवर्तन करें। वह एक राजनीतिक अस्थिरता नहीं होगी। परिवर्तन वास्तव में विकास होंगे या आंतरिक समस्या होगी। ईसाई समाज में राजनीतिक सत्ता पोप व चर्च के हाथों से निकलकर राजाओं के हाथों में आना या राजाओं की निरंकुशता से राजनीतिक सत्ता का व्यक्तिगत होना वास्तव में क्रांतिकारी परिवर्तन प्रतीत होते हैं। जिन्होंने राजनीतिक व्यवस्था में क्रांतिकारी परिवर्तन किए। फिर भी इन परिवर्तनों को राजनीतिक अस्थिरता नहीं कहेंगे क्योंकि यह समाज की उस पूर्णता के बीच हुए हैं जो समाज अपना जीवन जीता है। किसी समाज की आंतरिक व्यवस्था में होने वाला परिवर्तन राजनीतिक अस्थिरता नहीं है। बल्कि उस समाज का नष्ट होना राजनीतिक अस्थिरता है जो समाज (समूह) राजनीतिक सत्ता का निर्माण करता है।

राजनीतिक दलों का राजनीतिक स्थिरता व अस्थिरता से कोई लेना देना नहीं है। राजनीतिक दल सिर्फ एक प्रशासनिक संगठन होते हैं जो बहुमत का निर्माण करके सरकार का निर्माण करते हैं। राजनीतिक दलों से राज्य की स्थिरता व अस्थिरता से बड़े अर्थ नहीं होता। राजनीतिक दलों का संघर्ष सरकार को स्थिर या अस्थिर कर सकता है। सरकार राज्य की सिर्फ प्रशासनिक इकाई है जो संविधान के अधीन काम करती है। उसे संविधान व कानून के दायरों में रहकर कार्य करना पड़ता है। राजनीतिक दलों को राजनीतिक दल भी नहीं कहना चाहिए क्योंकि राजनीति एक शक्ति है जो किसी संगठन से निकलती है। राजनीतिक शक्ति राज्य की पहचान होती है। राजनीतिक दल

सिर्फ सरकार का निर्माण करके राज्य का प्रशासन चलाते हैं इस लिए वह एक प्रशासनिक संगठन के तौर पर कार्य करते हुए राजनीतिक स्थिरता में ही चुनाव हो सकते हैं। प्रशासन चल सकता है। राजनीतिक स्थिरता को किसी निश्चित समय के लिए नहीं बांधा जा सकता। यह उस समाज की शक्ति पर निर्भर करता है जो राजनीतिक सत्ता का निर्माण करते हैं।

इस प्रकार राज्य या राजनीतिक स्थिरता एक शक्ति है। राज्य के होने की पहचान है। राज्य जीवन की संपूर्णता को अपने में समाहित करता है। राज्य जीवन की पहचान है। राज्य जीवन की पूर्णता है जो अलग-अलग स्तर पर अलग-अलग संस्थाओं के माध्यम से कार्य करता है। राज्य एक शक्ति के रूप में खड़ा संगठन है जो आंतरिक व बाहरी तौर पर शक्ति का प्रयोग करता है। सरकार राज्य का सिर्फ एक अंग है राज्य सरकार को कुछ निश्चित कार्य करने की सीमा में बांधती है। राज्य अर्थात राज्य की पहचान सभी कार्य सरकार को नहीं देती। इसलिए सरकार के कार्य संविधान में बंधे होते हैं। राजनीतिक सत्ता (शक्ति) सरकार को कुछ कार्य करने की स्वतंत्रता देती है। जो समाज सरकार का निर्माण करता है चाहे शक्ति के द्वारा, चाहे बहुमत के, वह सरकार को एक सीमा तक कार्य करने की स्वतंत्रता देता है। इसलिए सरकार क्या क्या कार्य करेगी यह उसकी शक्तियों कितनी है यह उस समाज पर तय करता है जो सरकार का निर्माण करती है। सरकार उस बहुमत के प्रति उत्तरदायी होती है जो सरकार का निर्माण करता है। एक राज्य को अपने भीतर व बाहर कुछ कार्य करने पड़ते हैं वह सरकार के माध्यम से करते हैं। वास्तव में सरकार राज्य का प्रशासन है और राज्य उच्च समाज की पहचान है जो राजनीतिक सत्ता का निर्माण करता है। सरकार का निर्माण आप निश्चित समय के लिए करते हैं समय से पहले भी सरकार भंग हो सकती है। सरकार का भंग होना राजनीतिक अस्थिरता नहीं है। राजनीतिक सत्ता फिर सरकार बना लेगी इसको आप प्रशासनिक अस्थिरता कह सकते हैं। इसलिए किसी सरकार का निश्चित कार्यकाल के लिए रहना या पहले भंग होना या एक व्यक्ति की जीवन काल तक चलना इससे राज्य की स्वतंत्रता व अस्थिरता पर कोई सवाल नहीं उठता है। लेकिन इससे प्रशासन पर प्रभाव पड़ता है। क्योंकि सरकार वास्तव में प्रशासन देखती है। इसलिए राज्य यह व्यवस्था करते हैं कि सरकार को एक निश्चित समय के बाद फिर से जनता में जाना पड़ता है कि वे एक बार फिर से प्रशासन चला सकते हैं। प्रशासन में भ्रष्टाचार न आए और लोगों के प्रति उत्तरदायिता रहे इसके लिए उस राजनीतिक दल को एक निश्चित समय के बाद जनता के बीच जाना पड़ता है। इसलिए सरकार सिर्फ प्रशासन तक सीमित है। व्यक्ति की स्वतंत्रता के लिए आवश्यक है कि उस पर लगे बाहरी बंधनों को कम से कम किया जाए। इसलिए व्यक्ति न केवल व्यक्ति पर लगे मजहबी बंधन से छूटना चाहते हैं बल्कि सरकार भी व्यक्ति के जीवन में कम से कम हस्तक्षेप करें। क्योंकि राज्य में व्यक्ति का पूर्ण जीवन रहता है। राज्य को उस व्यक्ति के जीवन की पूर्णता की रक्षा करनी होती है। राज्य व्यक्ति के निजी जीवन की भी रक्षा करता है। व्यक्ति की स्वतंत्रता इस बात से देखी जाती है कि व्यक्ति का जीवन किस स्तर तक व्यक्तिगत है। इसलिए सरकार व्यक्ति के कितने जीवन पर प्रभाव रखती है यह इस बात पर निर्भर करता है कि सरकार का निर्माण किस समाज ने किया है किस आर्थिक विचारधारा

ने किया है। व्यक्ति के अधिकार इस बात पर निर्भर करते हैं कि सरकार का निर्माण ईसाई समाज ने किया है या हिंदू समाज ने या मुस्लिम समाज ने या पूंजीवादी या साम्यवादी विचारधारा न कि इस बात पर कि सरकार का ढांचा क्या है। सरकार राजतंत्र पर है, लोकतंत्र है या कुलीन तंत्र है। इस प्रकार यह प्रभाव नहीं पड़ता है कि अमेरिका या इंग्लैंड में किस राजनीतिक दल ने सरकार का निर्माण किया है। इससे व्यक्ति की स्वतंत्रता पर प्रभाव नहीं पड़ता। क्योंकि कोई भी दल सरकार बनाए वह सरकार इस स्वतंत्रता को नष्ट नहीं करती जो इन समाजों ने प्राप्त की है।

ये सरकारें सिर्फ कानून व्यवस्था के स्तर पर जीवन में हस्तक्षेप करती हैं और यह आवश्यक भी है। इन राज्यों में राजनैतिक दल समाज को पूंजीवादी विचार या साम्यवादी विचार के आधार पर नहीं लड़ाते क्योंकि यह समाज पहले ही साम्यवाद को हरा चुके हैं। दूसरा इन राज्यों में ईसाई मुसलमान के आधार पर भी राजनीतिक दल नहीं बने हैं। इसलिए राजनीतिक दल अभी सिर्फ एक प्रशासनिक दलों के तौर पर कार्य करते हैं। आधुनिक पूंजीवाद राज्यों में किसी दल को सरकार बनाने के लिए किस हद तक किसी मजहब का तुष्टीकरण करना पड़ता है यह उस समाज की राजनीतिक अस्थिरता है। हो सकता है अभी इन देशों में यह स्थिति नहीं आई हो जैसी स्थिति भारत में आ चुकी है। यहां किसी राजनीतिक दल का सरकार का निर्माण करने के लिए मुसलमानों की ऐसी मांगे स्वीकार की है जो सेक्यूलर संविधान के विरुद्ध थी। इसलिए मुसलमान भारतीय संविधान को इस्लामी कानूनों के प्रभाव में ला चुके हैं। इस प्रकार किसी राज्य में तो विचारधाराओं का टकराना ही राजनीतिक अस्थिरता है तो भी उसी स्थिति में है जब यह विचार राजनीतिक स्तर पर टकराते हैं। सरकार का निर्माण निश्चित समय के लिए किया जाता है और सरकार किसी ढांचे में रहकर कार्य करती है। सरकार वास्तव में प्रशासनिक ढांचा होता है। किसी राज्य में सरकार का क्या रूप होगा, यह वह समाज तय करता है जो राजनीतिक सत्ता का निर्माण करता है। इस प्रकार किसी राज्य का राजतंत्र लोकतंत्र कुलीन तंत्र होना राज्य की आंतरिक व्यवस्था है। यदि राजतंत्र की समाप्ति के बाद किसी लोकतंत्र या कुलीन तंत्र की स्थापना होती है चाहे वह हिंसक तरीके से ही क्यों ना हो यह राजनीतिक अस्थिरता नहीं है। इसी तरह लोकतंत्र की समाप्ति रही राजनीतिक अस्थिरता नहीं है। लोकतंत्र की भी अपनी सीमा होती है। किसी समाज का लोकतांत्रित या राजनीतिक ढांचे में बंधना उस समाज की आंतरिक सीमा है।

सरकार किस शासन प्रणाली में रहकर शासन करती है यह उस राज्य की आंतरिक विशेषता है। चाहे यह अध्यात्म शासन प्रणाली हो या संसदीय या बहुसदस्यी प्रणाली। इस प्रकार किसी शासन ईको बदलना राजनीतिक अस्थिरता नहीं है क्योंकि यह राज्य की घटित होती है। किसी प्रकार राज्य का अभी संगठनात्मक ढांचा पता है एकात्मक चाचा या संघात्मक, अर्ध संघात्मक। राज्य के भीतर इस ढांचे का संघात्मक करना भी राजनीतिक अस्थिरता नहीं है। इसी प्रकार किसी राज्य में एक राजनीतिक, तो दलीय व्यवस्था या बहुदलीय व्यवस्था होना भी उस राज्य की समाज की आंतरिक पहचान हैण् समाज अपनी जरूरतों के हिसाब से संगठन बनाता हैण् समाज में जो विचार प्रभावी होता है जीवन को संगठित कर देता है। कोई आर्थिक विचारधारा भी हो सकती है।

कोई विकास भी। कोई धर्म मजहब भी यह स्वाभाविक है। राजनीतिक दलों का बन्ना या विभाजन भी राजनीतिक अस्थिरता नहीं है। किस राज्य की संविधान में होने वाले परिवर्तन भी राजनीतिक अस्थिरता नहीं है। कोई भी राज्य का एक संविधान होता है जिसका वह समाज बनाता है जो राजनीतिक सत्ता का निर्माण करता। वास्तव में संविधान बहुमत अथवा राजनीतिक शक्ति का शासन होता है। इसलिए संविधान का लिखित होना या अलिखित होना कठोर होना या लचीला होना उस आज की सीमा है। राजनीतिक सत्ता को शासन चलाना पड़ता है। उसको नागरिक व प्रशासनिक व्यवहार निश्चित करने का अधिकार है। इसलिए जो शक्ति संगठन वह बहुसंख्यकों का हो या अल्पसंख्यकों का हो राजनीतिक सत्ता का निर्माण करता है। संविधान का निर्माण करता है। इसलिए संविधान राजनीतिक सत्ता का आदेश है। समाज में जो विचारधारा, मजहब, धर्म राजनीतिक तौर पर संगठित होता है वह संविधान का निर्माण करता है। इस प्रकार यदि किसी राज्य में संविधान में बदलाव होता है चाहे वह कम स्तर पर चाहे व्यापक स्तर पर इसे राजनीतिक अस्थिरता नहीं कहते।

कोई संविधान कैसा होगा। स्वतंत्रता का अधिकार, कर्तव्य, न्याय, दंड का क्या रूप होगा। यह उस समाज की सीमा पर निर्भर करता है जो समाज राजनीतिक सत्ता अर्थात राज्य का निर्माण करता है। संविधान जीवन की रक्षा भी करता है और जीवन को छीन भी सकता है क्योंकि इसको राज्य का संविधान कहते हैं। यह कितना कठोर होगा यह इस बात पर निर्भर करता है कि जिस समाज ने राज्य का निर्माण किया है उसे अपने स्तर पर कानून व्यवस्था बनाकर रखनी होती है। हर समाज की कानून व्यवस्था का स्तर अलग अलग होता है। जैसे मुस्लिम समाज व्यक्ति को कानूनों में बांधने के लिए जीवन के कितने पक्षों को बाहरी बंधनों में बांधते हैं। इसी प्रकार अन्य समाज। एक समाज जीवन में एक स्तर तक स्वतंत्रता वह अधिकार उत्पन्न कर सकता है वह एक स्तर पर बंधन लगा सकता है। अलग-अलग समाजों का अध्ययन करके आप पता लगा सकते हैं की कोई समाज कितने कठोर बंधन लगाता है। इस प्रकार कोई समाज एक स्तर पर कानून व्यवस्था को कर रखता है। राज्य समय के साथ संविधान में बदलाव करता रहता है। संविधान का बदलना राजनीतिक अस्थिरता नहीं है। चाहे उसमें कितने भी व्यापक परिवर्तन हो पुरानी कानून का बदलना व कानून समाप्त करना, नया कानून बनाना एक आंतरिक व्यवस्था का हिस्सा है। संविधान का ऐसा कोई भी ढांचा नहीं हो सकता जिसको संशोधन नहीं किया जा सकता। संविधान का ऐसा भाग नहीं हो सकता जिसको बदल नहीं सकते। ऐसा कानून नहीं हो सकता। ऐसी विशेषता भी नहीं हो सकती जिसको बदला नहीं जा सकता। संविधान सिर्फ इसीलिए सर्वोच्च है कि यह एक राजनीतिक शक्ति का आदेश है। कानून उसके लिए तो सर्वोच्च हो सकता है जिस पर यह आदेश लागू हो परंतु जो आदेश दे रहा है अर्थात राजनीतिक शक्ति से ऊपर नहीं हो सकता।

इस प्रकार किसी राज्य में राजनीतिक सत्ता सर्वोच्च है। सरकार के अंग सरकार का रूप, संगठन शासन प्रणालियां राजनीतिक दल प्रशासनिक ढांचा, संविधान, न्यायपालिका, न्याय, दंड सभी राजनीतिक सत्ता उत्पन्न करती है, राजनीतिक सत्ता उनको ढांचे व भाव स्वरूप बदल सकती

है। राज्य को किसी भी संगठन को संविधान का मूल ढांचा बताकर राजनीतिक शक्ति को दबाया नहीं जा सकता क्योंकि राजनीतिक शक्ति राज्य का निर्माण करती है। और राज्य को व्यवस्थित ढंग से चलाने के लिए राज्य के भीतर संस्थाओं की स्थापना करती है। आप इस साधारण बात को ध्यान रखिए जब कोई राजनीतिक सत्ता ने इनका निर्माण किया है तो कोई राजनीतिक सत्ता इनको समाप्त करके नई राजनीतिक संस्थाओं का निर्माण कर सकती है। राजनीतिक सत्ता की सर्वोच्चता के आगे संविधान न्यायपालिका की सर्वोच्चता नहीं हो सकती है। कानून न्याय, न्यायपालिका, संविधान तभी सर्वोच्च है उसकी सर्वोच्चता की रक्षा राजनीतिक शक्ति (सत्ता) करती है जो सर्वोच्च है। राजनीतिक शक्ति इस प्रकार सर्वोच्च है वह राज्य के बाहर युद्ध कर सकता है राज्य के भीतर कानूनी, संवैधानिक सत्ता के रूप में कार्य करती है। राजनीतिक शक्ति जीवन की रक्षा ही नहीं करती जीवन को समाप्त भी कर सकती है। इस प्रकार इस राजनीतिक शक्ति का समाप्त होना जो राजनीतिक सत्ता का निर्माण करती है राजनीतिक अस्थिरता है।

यदि राजनीतिक शक्ति को संविधान के नाम पर डराया जाए तो यह राजनीतिक शक्ति अर्थात राज्य का अन्यायपूर्ण होना है। संविधान से राजनीतिक सत्ता का निर्माण नहीं होता बल्कि राजनीतिक शक्ति संविधान का निर्माण करती है। संविधान सिर्फ राज्य का प्रशासनिक व्यवस्था का नाम जिसको जानकर लोग प्रशासनिक नियम व व्यवहार प्राप्त करते हैं। संविधान सिर्फ नियमों की पुस्तक होती है जो राज्य अर्थात राजनीतिक शक्ति जीवन के सीमित पक्ष को निर्देशित करती है हमारे जीवन की बहुत से पक्ष होते हैं जो संविधान के दायरे में नहीं आते। यदि हम जीवन के हर पक्ष पर राजनीतिक सत्ता लागू कर दें तो जीवन का विकास कैसे होगा। राजनीतिक सर्वोच्चता बदलने जीवन की आंतरिक सर्वोच्चता है। यदि हम राजनीतिक सत्ता को संविधान के दायरे में बांधे तो व्यक्ति अपनी स्वतंत्रता को समाप्त कर देता है। संविधान राजनीतिक शक्ति के रूप में बढ़ता है। संविधान कोई मृत दस्तावेज नहीं है जो स्थाई तौर पर जैसा है वैसा रहेगा। बल्कि संविधान उतना ही जीवित है जितना शरीर है। व्यक्ति की स्वतंत्रता इस बात पर निर्भर है कि संविधान को आप कितनी आसानी से संशोधन कर सकें। यदि संविधान को आप कठोर बना देते हैं तो लोकतंत्र होते हुए भी राजतंत्र होता है। इसलिए राजनीतिक स्थिरता उस राजनीतिक शक्ति से जो राजनीतिक शक्ति का निर्माण करती है जैसे पहले बताया गया है कि राजनीतिक सत्ता का निर्माण या तो शून्य की स्थिति में होता है जब मनुष्य का समूह किसी मजहबी समूह में बंधकर राजनीतिक सत्ता का निर्माण नहीं करता इस राजनीतिक संगठन में सिर्फ मनुष्य के नाते संगठित हो यह संगठन व्यक्तिगत समूह होता है इसलिए इसने व्यक्ति की स्वतंत्रता आंतरिक होते हुए भी एक स्तर पर कानून व्यवस्था में बंधी है। इस तरह के समाज में राजनीतिक अस्थिरता उस समय उत्पन्न होती है जब कोई मजहबी समूह राजनीतिक सत्ता का निर्माण कर लेता है। इसलिए राजनीतिक स्थिरता के लिए यह भी आवश्यक है जो मनुष्य के समूह शून्य की स्थिति में राजनीतिक सत्ता का निर्माण करते हैं उनको अपनी स्थिति को भी बचाकर रखना चाहिए। जिस समाज में मजहबी कट्टरता नहीं है या मजहबी कट्टरता समाप्त कर ली है उन समाजों को यह भी देखना होता है कि ऐसे समूह सत्ता का निर्माण नहीं कर पाए जो

मजहबी कट्टर हैं। शून्य की स्थिति की भी राजनीतिक सत्ता है या राज्य है। क्योंकि यह व्यक्तियों के जीवन की आंतरिक सत्ता है जो आंतरिक रूप से कानून व्यवस्था के स्तर पर कार्य करती है।

परंतु उसे बाहरी संघर्ष करने पड़ते हैं जो किसी एक राजनीतिक शक्ति बनाते हैं। क्योंकि राज्य जीवन की पूर्णता की रक्षा करता है। व्यक्ति को सिर्फ अपने मजहबी विचारों या आस्थाओं की रक्षा नहीं करनी पड़ती बल्कि अपने शरीर, राज्य की भूमि उसकी संसाधन, आर्थिक हित, अपनी स्वतंत्रता व जीवन की संकुचितता व व्यापकता की की रक्षा करनी पड़ती है। इस प्रकार जो समाज मजहबी तौर पर कट्टर नहीं है। उसका समाज संस्कृति उनको धार्मिक युद्ध करने अनुमति नहीं देता है फिर भी उन समाज को धार्मिक कट्टरता के विरुद्ध युद्ध करने पड़ सकते हैं। इसका अर्थ यह नहीं है होता है क्या आप अपनी कट्टरता के लिए युद्ध कर रहे होते हैं आप किसी कट्टरता के विरुद्ध युद्ध करते हैं। इस प्रकार राजनीतिक सत्ता किसी समाज की पहचान से निकलती और समाज जीवन की पूर्णता की रक्षा करता है। और एक सेक्यूलर राज्य भी वही है जो जीवन की पूर्णता की रक्षा करता है। इस प्रकार राजनीतिक स्थिरता जीवन की उस शक्ति की स्थिरता से है जो जीवन को अंतिम रूप तक प्रभावित करती है। अर्थात राज्य आपके जीवन की न केवल आर्थिक, भौतिक। सामाजिक अधिकारों की रक्षा करता है बल्कि आपके मजहबी अधिकारों की भी रक्षा करता है। सेक्यूलर राज्य का अर्थ यही नहीं है कि वह आपको मजहबी समानता देता है या केवल मजहबी अधिकारों की रक्षा करता है। सेक्यूलर राज्य वह है जोकि जीवन के हर पक्ष पर व्यक्ति की समानता के आधार पर स्वतंत्रता व अधिकार देना है। सेक्यूलर राज्य का विषय व्यक्ति है। ऐसा देखा गया है। जीवन के उच्च स्तर पर तो मजहब की स्वतंत्रता होती है। हर व्यक्ति अपनी इच्छा मजहबी गतिविधियां करने की स्वतंत्रता होती है परंतु मजहब जीवन का सिर्फ ईश्वरीय पहचान नहीं है वह जीवन के निचले स्तर तक बांधता है जिस कारण जीवन के निचले स्तर पर व्यक्ति से व्यक्ति की असमानता हो जाती है जो लोकतंत्र के विरुद्ध होती है।

इस प्रकार निचले स्तर की असमानता भी उच्च स्तर का संघर्ष बन जाती है। जिससे मजहबी संघर्ष प्रतीत होता है। इसलिए राजनीतिक स्थिरता के लिए उस समाज की स्थिरता जरूरी है जो राजनीतिक का निर्माण करती है। राजनीतिक सत्ता हिंदू ईसाई या मुसलमान बनाते हैं इसलिए जो जिन राज्यों में बहुमत है। यह जनसंख्या की जुड़ाव का सबसे बड़ा आधार बनाते हैं। कोई ईसाई राज्य कोई मुस्लिम राज्य, कोई हिंदू राज्य होता है। यह जरूरी नहीं की राज्य की जनसंख्या का बहुमत ही राजनीतिक सत्ता का निर्माण करें। अल्पसंख्यक भी शक्ति के द्वारा सत्ता का निर्माण कर सकते हैं। किसी समाज में राजनीतिक चेतना होना जरूरी है।

राजनीतिक शक्ति अर्थात राज्य क्या क्या कार्य करेगा: राजनीतिक सत्ता (शक्ति) का निर्माण चाहे अल्पसंख्यक संगठन करता है, चाहे बहुसंख्यक। चाहे वह सरकार के किसी भी रूप का निर्माण करें, चाहे किसी भी प्रकार की संस्थाओं का निर्माण करें। चाहे कितने भी समय के लिए किसी संस्था का निर्माण करें। राजनीतिक संस्थाओं के नाम कुछ भी हो यह उस राजनीतिक शक्ति की आंतरिक

सुविधा है। इससे राजनीतिक शक्ति के प्रभाव में कोई कमी नहीं होती वह राज्य की सर्वोच्च शक्ति है अथवा राज्य भी तभी है जब कोई राजनीतिक शक्ति है। राजनीतिक शक्ति का निर्माण चाहे हिंदू करें, चाहे मुसलमान करें चाहे ईसाई, चाहे व्यक्ति शून्य की स्थिति में करें। चाहे कोई राजनीतिक दल सत्ता का निर्माण करें। जिस समाज से राजनीतिक शक्ति निकली है। राजनीतिक शक्ति उस समाज के प्रति उत्तरदायी होती है। यह लोकतंत्र की विशेषता है। कोई ना कोई समूह किसी राज्य में बहुमत या शक्ति में होता है। जो न केवल राजनीतिक सत्ता बनाता है बल्कि राज्य की भी पहचान होता है। उस समाज के प्रति इसलिए उत्तरदायी होता है के वह समाज ने न केवल राजनीतिक शक्ति का निर्माण किया बल्कि वह समाज कानून व्यवस्था नियमों का भी व्यवहार होता है। इसलिए उस समाज की पहचान भी होती है। इस प्रकार जो समाज राजनीतिक सत्ता बनाता है वह उस सत्ता समाज की पूर्णता होती है जो राजनीतिक सत्ता उस समाज की रक्षा करती है क्योंकि समाज के नष्ट होने से वह राजनीतिक शक्ति भी नष्ट हो सकती है। राजनीतिक शक्ति नष्ट होने से उस समाज की कानून व्यवस्था भी नष्ट हो जाती है। उस समाज की राजनीतिक सत्ता नष्ट होने से उस समाज को दूसरी राजनीति शक्ति के अधीन जाना पड़ती है। दूसरी राजनीतिक शक्ति अपनी सीमाओं के अधीन कानून व्यवस्था का निर्माण करती है। यदि किसी राज्य में मुसलमान राजनीतिक सत्ता का निर्माण करते हैं तो उसका प्रथम कर्तव्य इस्लाम की रक्षा करना है। यदि कोई समूह साम्यवादी विचारधारा के द्वारा राजनीतिक सत्ता का निर्माण करता है तो वह साम्यवादी व्यवस्था की रक्षा करता है। ईसाई समाज से निकली राजनीतिक शक्ति ईसाई समाज की रक्षा करेगी। किसी राज्य में जिस पहचान अथवा मनुष्यों के समूह से राजनीतिक सत्ता का निर्माण होता है उस समूह का राजनीतिक स्तर पर बने रहना ही राजनीतिक स्थिरता है। अर्थात एक राज्य में एक ही राजनीतिक सत्ता हो सकती है। यदि एक से अधिक समूह हो जो किसी भी आधार पर संबंधित हो कर राजनीतिक शक्ति को चुनौती दे तो राजनीतिक संघर्ष हो जाता है। राजनीतिक शक्ति का दूसरा कार्य है। राज्य की बाहरी सीमाओं की रक्षा करना। जैसे राज्य एक भूमि के हिस्से पर स्थित होता है। साधारण रूप से यह माना जाता है कि राज्य की सुरक्षा का अर्थ इतना की है कि कोई बाहरी आक्रमण के द्वारा उसके भूभाग को न छीन ले या राज्य की सत्ता बाहरी हाथों में ना चली जाए। परंतु यह राज्य की सुरक्षा का अधूरा अर्थ है। क्योंकि राज्य एक ऐसा क्षेत्र है जहां मनुष्य अपने जीवन की पूर्णता की रक्षा करता है इसलिए राज्य की सुरक्षा का अर्थ है जीवन की पूर्णता की रक्षा करना। जीवन की पूर्णता है जीवन की सीमाओं की रक्षा करना। जीवन निम्न भी हो सकता है, उच्च भी।

इस प्रकार राज्य जीवन का एक वातावरण है जो जीवन की सुरक्षा करता है। जिस तरह किसी राज्य का भूभाग, संसाधन संपदा उस राज्य की होती है। उसी प्रकार उस राज्य में रहने वाले नागरिकों को एक व्यवस्थित जीवन प्रदान करता है। जिस प्रकार किसी राज्य की भौगोलिक पहचान उसकी जंगल पहाड़, नदियां मैदानों से होती है उसी प्रकार एक राज्य की मनुष्यों के रूप में उसकी पहचान संस्कृति, धर्म, सभ्यता, इतिहास परंपराओं से होती है। इसलिए राज्य जीवन का पूर्ण बंधन है। जिस तरह शरीर का संबंध जंगल भूमि से होता है उसी प्रकार शरीर का संबंध,

संस्कृति धर्म से होता है। क्योंकि जीवन की पूर्णता उस जुड़ाव से है जो शरीर के संबंध में जुड़ा है। राज्य अपने आप में व्यवस्थित वह पूर्ण है। राज्य को राज्य के रूप में मान्यता का अर्थ है राज्य की बाहरी प्रभाव से मुक्त करना। उस भूमि व उस भूमि पर रहने वाले व्यक्ति अपनी सत्ता के अनुसार शासित होने का अधिकार। कोई भी राज्य व्यक्तियों का समूह है और वह व्यक्ति का समूह हर स्तर तक प्रकृति से जुड़ा होता है अर्थात उसके ज्ञान की सीमा होती है। ज्ञान, तकनीक विज्ञान, बल, संपत्ति में एक राज्य का दूसरे राज्य से अंतर हो सकता है। ज्ञान विज्ञान, तकनीक बल, संपत्ति वास्तव में जीवन की सीमाएं हैं। ये सीमाएं एक राज्य द्वारा दूसरे राज्य का शोषण कर सकती है। क्योंकि हर समाज की अपनी क्षमता होती है। वह उस क्षमता के अनुसार जीवन यापन करता है। इसलिए, राज्य को अपनी सीमाओं की रक्षा करने का भी अधिकार है। हर समाज अपनी सीमाओं को जीता है। समाज अपने आप में विकास करता है, या अपने ज्ञान, बल विज्ञान तकनीक के द्वारा विकास करना उस समाज का आंतरिक विकास होगा। वह उस समाज में विकसित हुई है। जो उसके लिए आंतरिक हो जाएगी वह तकनीक सब उस समाज में अव्यवस्था नहीं करेगा। क्योंकि जो संपत्ति, ज्ञान, विज्ञान हमने पैदा और हम उसका प्रयोग करते हैं तो वह हमारे लिए हो सकता है। क्योंकि हम स्वतंत्रता अपने में रहकर प्राप्त कर सकते हैं। अपनी से बाहर जान स्वतंत्रता की हानि होगी। इसलिए किसी राज्य की स्वतंत्रता इस बात पर निर्भर है कि वह कितना अपने आप में पूर्ण है। किसी भी वस्तु या उपकरण को बनाने के लिए, संसाधन, श्रम, ज्ञान, तकनीक का प्रयोग होता है यदि आप किसी ऐसी वस्तु का प्रयोग कर रहे हैं जिस वस्तु के निर्माण में ज्ञान व तकनीक आपका नहीं है आपने उस वस्तु को अपने साधन व श्रम बेचकर प्राप्त की है तो वह वस्तु या उपकरण आपका नहीं है और स्वतंत्रता भी आपकी नहीं है। यदि आप किसी ऐसी स्वतंत्रता का प्रयोग कर रहे हैं जिस स्वतंत्रता का आपने निर्माण नहीं किया है तो आप उस स्वतंत्रता के बदले में दूसरी स्वतंत्रता को खो रहे हैं दूसरे के पंखों के सहारे आसमान में उड़ना खतरनाक हो सकता है। आप दूसरे की नाव में बैठकर सागर पार कर नहीं सकते हैं। इसलिए हमें इस बात का आभास होना चाहिए की जिस स्वतंत्रता का प्रयोग हम कर रहे हैं क्या उस स्वतंत्रता को हमने उत्पन्न किया है या नहीं। आपको अपनी जरूरतें उसी रूप में पूरी करनी चाहिए जिस रूप में आपने उसको प्राप्त किया है/ यदि आपके पास अनाज पीसने की चक्की नहीं है तो आपकी स्वतंत्रता इसमें है कि आप अनाज को उसी रूप में ग्रहण करें जिस रूप में आपने प्रकृति से प्राप्त किया है। आपको किसी भी हालत में आनंद के लिए उस स्वतंत्रता का प्रयोग नहीं करना चाहिए। जिस तरह आय से अधिक व्यय करना नुकसानदायक होता है। इस प्रकार हमारी स्वतंत्रता अपनी सीमाओं में रहने में है। इस प्रकार राज्य एक जीवन की सीमा है। इस प्रकार राज्य का कार्य राज्य की रक्षा करना। अर्थात राज्य में व्यक्ति के जीवन की रक्षा करना। जीवन एक सीमा (बंधन) अर्थात बंधन की रक्षा करना। जीवन बंधन एक व्यवस्था का निर्माण करता है।

इस प्रकार राज्य जीवन का एक व्यवस्थित संगठन है जो जीवन के उच्च स्तर से लेकर निम्न स्तर तक व्यवस्थित करता है, राज्य मनुष्यों या मनुष्यों के बीच जीवन से जुड़ी पहचान है। इस

प्रकार राज्य की बाहरी सुरक्षा का अर्थ है जीवन को शरीर के स्तर से लेकर पहचान के स्तर तक बचाना राज्य को भौगोलिक स्तर से लेकर सांस्कृतिक स्तर तक बचाव जीवन की व्यापकता की ही रक्षा नहीं करना बल्कि संकुचिता की भी रक्षा करना। इस प्रकार राज्य मनुष्य के जीवन की रक्षा इस प्रकार करता है जैसे कोई मकान जिसका दरवाजा केवल अंदर से खुलता है। क्योंकि राज्य अपने आप में पूर्ण है। वह व्यक्ति की सारी आवश्यकताओं की पूर्ति करता है। व्यक्ति को राज्य से बाहर होने की आवश्यकता ही नहीं है। यदि किसी राज्य के दरवाजे को बाहर से खोला जाएगा तो यह राज्य की प्रभु सत्ता पर चोट होगी। यह राज्य पर आक्रमण होगा। इस प्रकार राज्य न केवल जीवन को आंतरिक तौर पर बांधता है बल्कि बाहरी बंधनों में भी बांधता है। इस प्रकार राज्य की स्वतंत्रता उसके आंतरिक होने में है। अर्थात राज्य के दूसरे राज्य से संबंध भी आंतरिक होते हैं। राज्य बाहरी व्यक्तियों को शरण देने के लिए बाध्य नहीं है क्योंकि किसी भी राज्य की संसाधनों की सीमा होती है जिससे वह अपने नागरिकों की जरूरत पूरी करता है बाहरी नागरिकों से उसकी राज्य पर भार पड़ सकता है।

राज्य विशेष प्रकार के मनुष्यों को अपने राज्य में आने से रोक सकता है। कोई भी राज्य एक व्यवस्था का निर्माण करता है और यह व्यवस्था विशेष नागरिकों के संगठन पर खड़ी होती है। यदि उस राज्य में दूसरे तरह के व्यक्तियों की संख्या बढ़ जाती है तो वह अपनी अलग व्यवस्था का निर्माण करते हैं जो उस राज्य में, धार्मिक मजहबी, कानूनी व्यवस्था कर सकते हैं। यदि कोई राज्य अपने राज्य में नागरिकों को शरण थी दे रहा होता है तो उसे बाध्य नहीं किया जा सकता की हर प्रकार की मनुष्यों को शरण दे। वह किसी विशेष प्रकार के मनुष्यों को राज्य में शरण देने से मना कर सकता है। यह उस राज्य की सुरक्षा के लिए आवश्यक है। एक समाज अपने को एक स्तर तक व्यवस्थित कर लेता है यदि कोई ऐसा प्राणियों का समूह उस समाज में आ जाए जो उसे समाज की स्थिरता को बिगाड़ सकता है। इसलिए हिंदुओं व ईसाइयों को अपने राज्यों में ऐसे मजहबी कट्टर समाजों को नहीं आने देना चाहिए। ऐसे तत्व उस सभ्यता, स्वतंत्रता, संपत्ति को नष्ट कर सकते हैं। जैसे पहले बताया गया है राजनीतिक अस्थिरता सिर्फ राजनीतिक से जुड़े लोगों को प्रभावित नहीं करती बल्कि पूर्ण जीवन को नष्ट कर देती है। जैसा पहले बताया गया है क्या आप पर एक राज्य के द्वारा सैनिक हमला ही नहीं होता बल्कि आपकी स्वतंत्रता कई प्रकार से नष्ट की जा सकती है। कोई विचारधारा चाहे वह मजहबी हो या आर्थिक वह भी राज्य की व्यवस्था को नष्ट कर सकती है। इसलिए राजनीतिक सत्ता का यह भी अधिकार है कि वह अपने राज्य को ऐसी विचारधाराओं से बचाएं जो राजनीतिक सत्ता को नष्ट कर सकती है क्योंकि राजनीतिक सत्ता के नष्ट होने से नई विचारधारा राजनीतिक सत्ता का निर्माण करती है वह अपने हिसाब से व्यक्ति के जीवन को बांधती है। राज्य की सुरक्षा सुरक्षा के लिए किसी विचारधारा को प्रतिबंधित भी किया जा सकता है।

चौथा राज्य ऐसा साहित्य भी प्रतिबंध कर सकता है जो राज्य में जीवन से अव्यवस्थित कर सकता है। क्योंकि सत्ता, साहित्य, पहनावा समाज की आंतरिक पहचान का हिस्सा है।

पांचवा राज्य दैनिक प्रयोग की ऐसी वस्तुओं को भी प्रतिबंधित कर सकता है जिसको प्रयोग न करने से कोई हानि नहीं होती। क्योंकि जीवन अपनी आवश्यकताओं की पूर्ति अपने आप करता है इसलिए तो जीवन है। इस प्रकार राज्य की सीमाएं अपने में बांधे हुए जीवन की पूर्ण रक्षा करती हैं। यह जीवन को पूर्ण तौर से नियंत्रित करता है। कोई राज्य अपनी सीमाओं को कितना खोलता है या उस राज्य की आंतरिक सीमा है। यह राज्य की स्थिरता पर निर्भर करता है।

राज्य की आंतरिक सत्ता: राजनीतिक स्थिरता केवल राजनीतिक पदों की स्थिरता, या, संसद कार्यपालिका या न्यायपालिका, प्रशासन की स्थिरता नहीं है। राजनीतिक स्थिरता जीवन की पूर्ण स्थिरता है। क्योंकि राज्य में जीवन पूर्ण नियंत्रित होता है। इसलिए राज्य के अधिकार क्षेत्र में ऐसा कोई जीवन नहीं है जो राज्य के अधिकार में नहीं होगा। जीवन चाहे कितना भी निजी क्यों ना हो एक स्थिति में वह सार्वजनिक हो जाता है। यहां तक की चाहे पति पत्नी के संबंध कितने भी निजी क्यों ना हो एक स्थिति में वे संबंध राज्य की सर्वोच्च सत्ता अर्थात राजनीतिक सत्ता के अधीन चले जाते हैं। इस प्रकार राज्य मनुष्य के जीवन पर पूर्ण नियंत्रण रखता है क्योंकि वह कानून व्यवस्था के तौर पर भी कार्य करता है और अंतिम रूप में वह जीवन तक को समाप्त कर सकता है। राज्य जीवन को व्यवस्थित करता है, उच्च स्तर से लेकर निम्न स्तर तक।

कानूनों का निर्माण करना: जैसा बताया गया है कि राज्य के हर पक्ष को हर स्तर पर नियंत्रित करता है। इसलिए वह कोई भी कानून बना सकता है। उसकी आंतरिक प्रभुसत्ता सर्वोच्च है। राजनीतिक कानून उन्हें ही कहेंगे जिनका पालन न करने पर दंड तक दिया जा सकता है। कानून व्यक्ति के हर स्तर पर लागू होते हैं। राज्य के अंदर अनेक संस्थाएं होती है जो अपने आप में कानून होते हैं। और मनुष्य इन संस्थाओं से भी कानूनी रूप में बंधे होते हैं। इस प्रकार राज्य हर स्तर पर कानून बना सकता है। क्योंकि उस कानून को वास्तव में राजनीतिक सत्ता बनाती है। यदि राज्य आपके जीवन का ऐसा क्षेत्र छोड़ता है जहां कानून सीधा हस्तक्षेप नहीं करता है। यह उस समाज की सीमा है। यह व्यक्ति की स्वतंत्रता है कि राज्य व्यक्ति को किस स्तर तक खुला छोड़ता है परंतु किसी स्थिति में राज्य आपकी व्यक्तिगत जीवन में भी हस्तक्षेप करता है, क्योंकि राज्य जीवन का संपूर्ण बंधन है। राज्य इतना शक्तिशाली है यह आपके जीवन को उच्च स्तर पर भी नियंत्रित करता है। यह आपके मजहबी विचार गतिविधियों को भी रोक लगा सकता है क्योंकि मजहबी विचार या गतिविधियों का ईश्वर से ही संबंध नहीं है। यह विचार, गतिविधियां जीवन से पदार्थ रूप में भी जुड़ी है। जो जीवन को निर्देशित करती हैं। इसलिए यह गतिविधि विचार राज्य की व्यवस्था को भी अव्यवस्थित कर सकते हैं। जब मजहबी स्वतंत्रता की बात होती है यह सिर्फ ईश्वर के विचार, उपासना किसी सीमा तक की सीमित नहीं रहती हैं। व्यक्तिगत संबंधों को भी नियंत्रित करता है। जिस कारण समानता, अधिकार स्वतंत्रता तक के मूल्य भी प्रभावित होते हैं। उच्च स्तर पर असमानता का कारण किसी समाज की जड़ों में हो सकता है या निम्न स्तर की असमानता का

कारण उच्च स्तर की सत्ता में हो सकता है। लोकतंत्र व्यक्ति के जीवन को पूर्णता के साथ स्वीकार करना है। जब राज्य व्यक्ति को उच्च स्तर से लेकर निम्न स्तर तक प्रभावित करता है तो राज्य की कानून किसी भी स्थिति में मजहबी भेदभाव नहीं करते हैं। जब राज्य मजहब से भी ऊपर है तो उससे यह उम्मीद नहीं लगा सकते हैं। वह कानून व्यवस्था, स्वतंत्रता, समानता, न्याय को बाधा पहुंचाने वाले व्यवहार को इसी आधार पर देखकर कि वह किसी की मजहबी भावना से प्रेरित है। यदि कोई राज्य मजहबी स्वतंत्रता प्रदान करता है तो यह उस राज्य की शक्ति है क्षमता न कि इस राज्य की कमजोरी। अंतिम रूप में राज्य मजहब से भी ऊपर है। जब राज्य मजहब से भी ऊपर हो जाता है तो उस राज्य में जीवन व्यक्तिगत हो जाता है। कानून व्यक्ति के लिए होते हैं। व्यक्ति की स्वतंत्रता की रक्षा करना व व्यक्ति की स्वतंत्रता पर प्रतिबंध लगाना। इसका अर्थ यह है कि आप किसी भी आधार पर अधिकार, स्वतंत्रता की मांग नहीं कर सकते जो राज्य की व्यवस्था के विरुद्ध हो। मजहब के आधार पर भी नहीं। अर्थात व्यक्ति व्यक्ति से संबंधों को व्यवस्थित करना राज्य का कार्य है। क्योंकि हित व्यक्तिगत होते है। शरीर होना। परिवार होना। रिश्ते होना। धन। संपत्ति होना। मान सम्मान होना। स्वतंत्रता। अधिकार। न्याय। व्यक्तिगत है। कानून निर्माण करने वाली शक्ति संगठनात्मक हैं। जो समाज राजनीतिक सत्ता का निर्माण करेगा वह कानून का निर्माण करेगा। इसलिए राज्य आंतरिक क्षेत्र में कानून निर्माता है कानून के द्वारा वह जीवन को एक व्यवस्था के रूप में बांधता है और स्वतंत्रता अधिकार न्याय की व्यवस्था करता है। राज्य जीवन को किस हद तक बांधता है यह इस बात पर निर्भर करता है कि किसी राज्य में किस कानून व्यवस्था ने राजनीतिक सत्ता का निर्माण किया है। कानून स्वाभाविक रूप में विकसित होते हैं। जैसा समाज होगा उसका कानून भी उस समाज का प्रतिनिधित्व करते हैं। ईसाइयत, इस्लाम, हिंदू, साम्यवाद ये अपने आप में कानून का नाम भी हैं। इसलिए इनको कानूनी, अधिकारों स्वतंत्रता व बंधनों के रूप में भी अध्ययन कर सकते हैं। जब हर समाज अपने आप में पूर्ण है तो इन समाजों की व्यवस्था हर स्तर पर पूर्ण है। यदि कोई समाज अपने लिए कानून बनाता है तो वह वास्तव में सामान्य कानून होते हैं क्योंकि यह समाज इन कानूनों को अपने पर लागू करता है। यहां समाज साधारण प्रकार से इन कानूनों को परिवर्तन कर सकते हैं। इस तरह की व्यवस्था में व्यक्ति अपने समाज की व्यवस्था में रहता है। किसी राज्य में व्यक्ति राजनीतिक शक्ति में तब ही रहता है जब उसका समाज उस राजनीतिक सत्ता का हिस्सा नहीं होता जो कानून का निर्माण करती है। क्योंकि किसी राज्य में राजनीतिक सत्ता का निर्माण बहुमत से नहीं बल्कि शक्ति से होता है यदि बहुमत भी राजनीतिक सत्ता बनाता है तब भी अल्पमत होना स्वाभाविक है। राजनीतिक शक्ति वास्तव में एक बाहरी शक्ति बन जाती है। क्योंकि राजनीतिक शक्ति किस समाज से निकली है, यदि कोई राजनीतिक शक्ति किस कट्टर समाज से निकलती है जो इनको उस कट्टरता में बांध देता है।

राजनीतिक सत्ता राज्य में राजनीतिक स्थिरता बनाए रखना है। राजनीतिक स्थिरता राज्य में सबसे शक्तिशाली संगठन करता है। राजनीतिक स्थिरता जीवन का पूर्ण व्यवहार निर्देशित करती है। इसलिए राजनीतिक स्थिरता के लिए किसी एक ही दल या व्यक्ति के शासन का बने रहना

नहीं है। और न ही इसको राजनीतिक स्तर पर पदों की स्थिरता को देखा जाता है। यह प्रशासन का स्थिर होना भी नहीं है। यह उस प्रकार भी नहीं है जैसा कोई पत्थर दीवार में लगा हो। स्थिरता एक गति है। यह स्वाभाविक आंतरिक विकास है। जीवन का बने रहना व विकसित होना है। स्थिरता परिवर्तन विरोधी नहीं है। यह ना प्रशासन को बांधता है ना संविधान को। इसलिए राजनीतिक स्थिरता निम्न स्तर तक जीवन को नियमित करता है या रक्षा करता है। और जीवन को सभी स्तरों पर समाज ही निर्देशित करता है। इस प्रकार समाज ही राजनीतिक स्थिरता का निर्माण करते हैं और जो समाज (मनुष्य) व समूह राजनीतिक स्थिरता का निर्माण करता है उसका राजनीतिक सत्ता में बना रहना ही राजनीतिक स्थिरता है क्योंकि क्योंकि राजनीतिक शक्ति से ही राज्य है और राज्य से अधिकार, कानून स्वतंत्रता, और व्यवस्था है। राजनीतिक अस्थिरता की संभावना को समाप्त करना। जब कोई राजनीतिक संगठन शक्ति का निर्माण करके सत्ता में आता है तो वह उन संभावनाओं को भी समाप्त कर देता है। राजतंत्र में राजनीतिक शक्ति का केंद्र राज परिवार होता था और राज्य की सत्ता के लिए परिवार में ही संघर्ष होता था। राजनीतिक सत्ता को कोई निकट संबंधी ही चुनौती बन सकता था। इसलिए राज परिवार में ही संघर्ष होता था और यह संघर्ष षड्यंत्र व हत्या तक व राज्य का प्रशासनिक विभाजन तक हो जाता था। परंतु राजतंत्र के समाप्त होने के बाद समाज लोकतांत्रिक हुआ है। लोकतंत्र को साधारण व्यक्ति भी यहां तक समझ सकता है कि राजनीतिक पदों को लोगों के द्वारा चुनना। राजतंत्र में राज पद के लिए संघर्ष हो, चाहे लोकतंत्र में यह उच्च पदों तक ही सीमित होता है। राजतंत्र में एक राजा के बाद दूसरे राजा बनने से जनता के जीवन में बहुत गहरा परिवर्तन नहीं आता था। और लोकतंत्र में भी यदि एक सरकार के बदलने के बाद दूसरी सरकार बनती है तो वह जीवन में बहुत क्रांतिकारी परिवर्तन नहीं करती। क्योंकि सरकार का बदलने का प्रथम बदलाव जो सभी देख पाते हैं वह है किस पद पर कोई दूसरा व्यक्ति बैठ जाना। प्रशासन कुछ मामूली परिवर्तन करता है। उच्च पदों के लिए संघर्ष व्यक्तिगत हो जाता है। क्योंकि उन पदों के साथ व्यक्तिगत जुड़े होते हैं। लोकतंत्र में भी राजनीतिक हत्याएं हो सकती हैं। राजनीतिक दल वास्तव में समाज का कानूनी व आर्थिक प्रशासन अपने हाथ में लेना चाहते हैं। एक समाज के अंदर कोई भी सरकार बन जाए ज्यादा फर्क नहीं पड़ता। जब राजतंत्र में राजा चाहता है कि राज पद उसी के पास रहे। लोकतंत्र में कोई दल चाहता है। राजनीतिक सत्ता वह दल अपने पास रखे। इसके लिए वह पदों की स्थिरता के लिए प्रयास करते हैं।

जब एक समाज के अंदर चाहे कितना भी प्रशासनिक बदलाव होता है यह राजनीतिक अस्थिरता नहीं। किसी राज्य में राजनीतिक स्थिरता ईसाई, मुसलमान, हिंदू, साम्यवादी व्यवस्था या कोई अन्य राजनीतिक व्यवस्था करती है। राजनीतिक अस्थिरता की संभावना को नष्ट करने का अर्थ है कि राज्य में कोई दूसरा राजनीतिक संगठन ना हो जो किसी अन्य विचार मजहब से निकलता हो। जो संगठन उस समाज व्यवस्था को नष्ट कर दे। किसी ईसाई राज्य में मुसलमान इस स्थिति में न पहुंचे जो उस राज्य की राजनीतिक सत्ता छीन सकते हैं। जिस तरह मुसलमानों ने उन राज्यों में जहां मुसलमान (इस्लामी व्यवस्था) राजनीतिक सत्ता का निर्माण करती है। उस

संभावनाओं को समाप्त कर दिया है कि कोई गैर इस्लामिक समाज संगठित होकर राजनीतिक सत्ता का निर्माण कर सके। राजनीतिक सत्ता का निर्माण करता है वह जीवन को उच्च स्तर से लेकर निम्न स्तर तक निर्देशित करता है। जिस राज्य में जो अल्पसंख्यक समूह राजनीतिक सत्ता का हिस्सा नहीं होता है वह उस राजनीतिक सत्ता के प्रति उत्तरदायी होता है जो राजनीतिक सत्ता का निर्माण करते हैं। तो अलग-अलग जीवन की पूर्णताएं एक व्यवस्था का निर्माण नहीं कर पाते हैं। इसलिए किसी कानून व्यवस्था का निर्माण करना एक ही समाज का कार्य होता है जो शक्ति द्वारा राजनीतिक सत्ता निर्माण करता है। इसलिए राजनीतिक अल्पसंख्यक समूह के सदस्य इस बात की मांग नहीं कर पाते हैं कि उन्हें भी राजनीतिक पद मिलने चाहिए। क्योंकि राजनीतिक पद उस समाज के लोगों के लिए होते हैं जो समाज राजनीतिक शक्ति का निर्माण करते हैं। जब दो समाज में जीवन की पूर्ण भिन्नता है तो यह कैसे संभव है कि राजनीतिक संसद में दो समाज एक हो जाएं। किसी राज्य में तो ऐसे समाज हो सकते हैं जो जीवन की पूर्ण भिन्नता होते हुए भी जीवन की पूर्ण भिन्नता कानूनों की भी भिन्नता है इसलिए कानून एक राज्य में एक ही जीवन संगठन बना सकता है। यह उस समाज की सीमा है कि प्रशासनिक पद उस समाज के लोगों को दे सकता है। क्योंकि प्रशासन राजनीतिक सत्ता के प्रति उत्तरदायी होता है और राजनीति सत्ता किसी समाज से निकलती है।

इस प्रकार राजनीतिक अस्थिरता की संभावना समाप्त करने के लिए राज्य (राजनीतिक शक्ति) प्रथम तौर पर राजनीतिक अपने को राजनीतिक शक्ति के रूप में स्थिर रखती है। वह अल्पसंख्यक राजनीतिक समाज को अपनी राजनीतिक पदों पर नहीं बैठाती, दूसरा कानून व्यवस्था व राज्य की सुरक्षा वह समाज अपने क्षमता पर करता है। किसी के राज्य में राजनीतिक शक्ति की परिभाषा स्पष्ट होती है। राज्य की प्रभुसत्ता की स्पष्ट पहचान होती है। इसलिए राजनीतिक शक्ति राज्य को सुरक्षित करती है। राजनीतिक स्थिरता का अर्थ यह नहीं है कि जीवन में व्यक्तिगत स्तर अर्थात व्यक्ति से व्यक्ति का संघर्ष ना हो या आर्थिक, सामाजिक, कानूनी हितों में संघर्ष ना हो। एक राज्य में व्यक्तिगत संघर्ष हो सकता है और यह भी हिंसात्मक रूप तक भी चला जाता है। परंतु इस संघर्ष को नियमों के अनुसार लड़ा जाता है। यहां पर एक शक्ति होती है जो आपके संघर्ष को न्यायपूर्ण बना सकती है। राजनीतिक स्थिरता का अर्थ यह नहीं है किस राज्य में विचारात्मक, मजहबी संघर्ष या विवाद नहीं होगा लेकिन राजनीतिक शक्ति की स्थिरता उस संघर्ष को जो राज्य के भीतर चाहे किसी भी आधार पर हो, व्यवस्थित कर लेता है। एक राज्य के भीतर तो समाज मजहबी आधार पर भी संघर्ष कर लेते हैं। राज्य यहां पर न्याय कर सकता है क्योंकि राजनीतिक सत्ता मजहब से ऊपर है। इस प्रकार किसी राज्य के भीतर किसी भी प्रकार का संघर्ष, विवाद, परिवर्तन विकास विनाश राजनीतिक अस्थिरता नहीं है। जब राजनीतिक शक्ति से कोई समाज राजनीतिक शक्ति के रूप में टकराता है तभी राजनीतिक अस्थिरता पैदा होती है लोकतंत्र में दल सरकार बनाने के लिए संघर्ष करते हैं यह राजनीतिक अस्थिरता नहीं है।

राजनीतिक शक्ति न केवल राजनीतिक शक्ति के रूप में स्थापित करती है बल्कि उस शक्ति को कोई समाज अस्थिर न करे इसकी भी संभावना नष्ट कर देती है। राजनीतिक सत्ता पर आसीन

समाज यह भी देखता है कि राजनीतिक अल्पसंख्यक किसी भी हालत में राजनीतिक सत्ता पर न पहुंचे। राजनीतिक अल्पसंख्यक वर्ग किसी तंत्र में तीन प्रकार से राजनीतिक शक्ति का निर्माण अथवा राज्य का निर्माण कर सकता है। प्रथम रूप में राजनीतिक सत्ता शक्ति के द्वारा प्राप्त की जाती है इसके लिए बहुमत होना जरूरी नहीं है। अल्पसंख्यक भी संगठित होकर राज्य की सत्ता पर अथवा सर्वोच्च सत्ता पर पहुंच जाता है और वह अपने हिसाब से बहुमत को ढाल लेता है। दूसरा प्रकार राजनीतिक सत्ता लोकतंत्र में बहुमत के द्वारा प्राप्त कर लेता है। इसके लिए वह अपनी जनसंख्या को बढ़ाता है और एक स्थिति के बाद सत्ता का लोकतांत्रिक तरीके से परिवर्तन हो जाता है। तीसरा प्रकार से अल्पमत अपने बहुल क्षेत्र को विभाजित करके राजनीतिक सत्ता का निर्माण करता है राजनीतिक शक्तियों का इतनी आसानी से एक समाज से दूसरे समाज में हस्तांतरित नहीं होती है जब एक राज परिवार में सत्ता के लिए खूनी संघर्ष हो सकता है। लोकतंत्र में भी राजनीतिक दल सत्ता के लिए हिंसक गतिविधियां कर सकते हैं। राज्य में दो राजनीतिक शक्तियां राजनीतिक शक्ति के निर्माण के लिए टकराती हैं तो यह जीवन की पूर्णता का जीवन की पूर्णता से संघर्ष हो जाता है। यह वास्तव में व्यवस्थाओं का मजहब का, पहचानों का संघर्ष बन जाता है। यही राजनीतिक संघर्ष राजनीतिक अस्थिरता है। इसलिए राजनीतिक सत्ता (शक्ति) का सबसे महत्वपूर्ण कार्य अपनी राज्य राजनीतिक शक्ति को सुरक्षित करना है। जब दो मजहबी शक्तियां राजनीतिक सत्ता के लिए संघर्ष करती है तो यह मजहबी युद्ध भी प्रतीत होता है। यहां पर जीवन का अस्तित्व स्वतंत्रता अधिकार व्यवस्था भी युद्ध करती है। क्योंकि मजहब या समाज को सिर्फ धार्मिक विश्वासों पर नहीं देखा जा सकता है उसके जीवन की सभी जरूरतें उससे जुड़ी होती हैं। राजनीतिक युद्ध जीवन के पूर्ण अस्तित्व का युद्ध होता है। जिस प्रकार राज्य की बाहरी व आंतरिक व्यवस्था राजनीतिक सत्ता तैयार करती है। प्रशासन, पुलिस, कानून व्यवस्था, न्याय, स्वतंत्रता, अधिकार, सैनिक संगठन राजनीतिक शक्ति के अधीन कार्य करता है न कि संविधान के, संविधान भी राजनीतिक शक्ति तैयार करता है। इसलिए राज्य या राज्य की सुरक्षा या राज्य की संस्थाओं को चुनौती राजनीतिक शक्ति को चुनौती होती है। राजनीतिक शक्ति चाहे तो किसी प्रकार की राजनीतिक संस्थाओं का निर्माण कर सकती है।

भारत राज्य

राज्य जीवन की विशेषता है और जीवन की एक पहचान होती है जो जीवन को व्यापक वह संकुचित बनाती है। संसार में लगभग सभी राज्य जीवन की संकुचितता पर अधीन है। जो राज्य को किसी मजहबी पहचान या नस्ल में बांधते है या सैनिक संगठन के रूप में खड़े हैं या किसी आर्थिक हितों में बंधने के कारण बाकी संसार से कट गए हैं। और वह सभी मनुष्यों को एक करने के लिए किसी एक आर्थिक व्यवस्था में या मजहबी व्यवस्था में बांधना चाहते हैं जो जीवन को संकुचित बना देगा। और बंधन बना देगा। इन व्यवस्थाओं में डालने के लिए इन राज्यों को जीवन की विविधता को समाप्त करना पड़ेगा। राज्य को जीवन की स्वतंत्रता का बंधन होना चाहिए। राज्य जीवन की संकुचितता व व्यापकता का प्रभाव क्षेत्र है। जीवन की संकुचितता किसी राज्य को विशेष पहचान में बांध देती है और वही पहचान वह राज्य हो जाता है या किसी मजहब पर भी आधारित हो सकती है। राज्य जीवन का एक विशेष पहचान है।

एक समाज का आंतरिक बंधन ही उस अन्य समाज से अलग करता है। किसी समूह का। किसी भी आधार पर यही बंधन उसे अन्य से अलग कर सकता है। जरूरी नहीं है कि ऐसा बंधन किसी सामाजिक, सांस्कृतिक जा मजहबी पहचान का हो यह बंधन आर्थिक आर्थिक हितों का भी हो सकता है। भारत राज्य जीवन के बंधन के रूप में नहीं बंधा है बल्कि जीवन की स्वतंत्रता के रूप में विकसित हुआ है। यह राज्य जीवन को स्वतंत्रता के रूप में विकसित हुआ है। यह राज्य जीवन को किसी विशेष बंधन में नहीं बांधता है बल्कि जीवन को सुरक्षित करता है जीवन को स्वतंत्र बनाता है जिस कारण मानव का जीवन व्यापक हुआ है व उच्चता को प्राप्त किया है। इसी कारण इस समाज में योद्धाओं से भी ऊपर संतों को स्थान मिला है। जिन्होंने अपने को जीता है। इस समाज ने युद्ध से अधिक शांति की बात की गई है। भारत एक जीवन संस्कृति, सभ्यता है। भारत अपने भीतर जीवन की व्यापकता समाहित किए हुए हैं जिस कारण यह बहुत संस्कृतियों का समूह लगता है। भारत में एकता में विविधता है न कि विविधता में एकता। विविधता बाहरी तौर पर उन समाजों को दिखती है जो मजहबी कट्टरता में बंधे हैं। इस कारण इन्हें भारत विभिन्न संस्कृतियों का समाज लगता है। परंतु ये उस एकता को नहीं देख सकते जो इस समाज का आधार है, ये ऐसे समाज है जो मजहबी कट्टरता, सैनिक संगठन या नस्ल के बंधन में एकता समझते हैं। यह जीवन को जीवन

के रूप में नहीं अपना पाए हैं। भारत जीवन की व्यापकता है। जो जीवन की सभी विशेषताओं को चाहे वे जीवन में निजी स्तर की हो, चाहे उच्च स्तर की। भारत जीवन पूर्णता व व्यापक और उच्चता का प्रतिनिधि है। जीवन की पूर्णता का अर्थ है जीवन हर रूप में चाहे उस प्रकृति में किसी भी विशेषताओं, गुणों, सीमाओं के साथ पैदा किया है। अपने आप में पूर्ण है।

मनुष्य का संबंध उस पूर्णता के साथ है जिसमें सब कुछ समाहित है। भारत भी ऐसा ही राज्य है जो उस पूर्णता से है। अपने में बांधा हुआ। पूर्णता में तो सब कुछ बंधा है जिसने अपने में पूर्णता को बांधा है। वह भारत है। इस प्रकार जो आधुनिक राज्य अपने को किसी एक मजहब या सैनिक संगठन में बांधकर शक्ति का निर्माण किया और संसार को मजहबी सैनिक संगठन का हिस्सा बनाने का प्रयास किया। भारत को एक राज्य के रूप में जान नहीं पाए। यह स्वाभाविक भी है। क्योंकि न तो उन्हें भारत में कोई ऐसी मजहबी कट्टरता मिली जो व्यक्ति को किसी एक पैगंबर, किताब, या एक ईश्वर में बांधे हुए हो। ना कोई ऐसी राजनीतिक शक्ति मिली जो व्यक्ति को किसी कठोर सैनिक संगठन में बांधे हुए हो। इस कारण व्यक्ति का जीवन अपने आप में शासित है। अपने आप में बंधा है इस कारण व्यक्ति की अपनी ऊंचाइयां हैं। इस कारण ये समाज इतनी आसानी से भारत का हिस्सा हो गए। भारत राज्य का विकास जीवन के विकास के साथ हुआ है। जीवन की पूर्णता न भारत राज्य को, न केवल मनुष्यों से जोड़ती है बल्कि प्रकृति के हर रूप से जोड़ती है। जीवन की पूर्णता मनुष्य को ब्रह्मांड के हर तत्व, विकास विनाश परिवर्तन से जोड़ता है। इसी प्रकार जीवन की पूर्णता प्रकृति के हर रूप से चाहे वह मनुष्यों का रूप, अन्य जीवों का रूप, वनस्पति का रूप जीवन का हिस्सा है या हर रूप इसी पूर्णता से है। इससे इस समाज ने जीवन को व्यापक बनाया है। जीवन के व्यापक होने का अर्थ है मनुष्य का मनुष्य के रूप में उसकी पहचान के साथ स्वीकार करना। उसके सामाजिक, आर्थिक, मजहबी संगठन के साथ स्वीकार करना। जीवन के निचले व ऊपरी स्तर पर किसी भी तरह की विविधता को स्वीकार करना जीवन को व्यापक वह संकुचितता के साथ करना।

इस प्रकार भारतीय राज्य जीवन को हर रूप में स्वीकार करता है। इस प्रकार किसी भी व्यक्ति को भारत का नागरिक होने के लिए किसी मजहबी व्यवस्था में ढालने की जरूरत नहीं है। कोई भी मजहब का नागरिक भारत का नागरिक हो सकता है। चाहे उसका धार्मिक मत, विश्वास, उपासना पद्धति कुछ भी हो। इस प्रकार सभी मत, मजहब, विचार भारत का हिस्सा है। इस कारण मुसलमान भी भारत का हिस्सा हो जाते हैं क्योंकि भारत किसी मजहब के आधार पर भेदभाव नहीं करता। यह संभावना होने के बाद भी मुसलमान भारत का हिस्सा क्यों नहीं बन पाए हैं। प्रथम रूप में भारत का हिस्सा होने का क्या अर्थ है? भारत एक संस्कृति, सभ्यता, पहचान जीवन की व्यापकता है। यह एक आध्यात्मिक समाज है। इस प्रकार किसी का भारत का हिस्सा होने का सिर्फ यह अर्थ नहीं है कि वह भारत की भूमि पर रहता है। व्यापक अर्थों में भारत का हिसाब होने का अर्थ है समाज, संस्कृति परंपराओं का हिस्सा होना है। परंतु यह समाज जीवन की व्यापकता ही नहीं है। जीवन की संकुचितता की भी रक्षा करता है। व्यक्ति का जीवन संकुचित भी हो सकता है क्योंकि व्यापक

होना या संकुचित होना जीवन की सीमा है कोई व्यक्ति अपने को किसी विचार मत विश्वास में बांध भी सकता है यदि मुसलमान इस संस्कृति का हिस्सा नहीं हो सके जो भारत में कई हजार सालों में विकसित हुई तो भी मुसलमान भारत का हिस्सा है क्योंकि किसी को बाध्य नहीं किया जा सकता है कि किसी संस्कृति में वह गहराई से डूब जाए। या मुस्लिम समाज बाहर से आया है इस बात का भी भारत का हिस्सा होने से कोई भेद नहीं। मुसलमानों का इस्लाम को मानना भारतीय संस्कृति की व्यापकता का हिस्सा ना होना या बाहर से आना तीनों बाधाएं नहीं है फिर भी मुसलमान भारत का हिस्सा नहीं हो पाए हैं। इसका कारण मुसलमानों का अपना समाज है। चौथा यदि मुसलमानों में इस्लाम के मानने के कारण गैर मुसलमानों से धार्मिक, सामाजिक अलगाव है यह अलगाव होना भी भारत का हिस्सा होने में बाधा नहीं है। किसी समूह की अलग भाषा, संस्कृति पहचान होना भी भारत का हिस्सा होने में बाधा नहीं है। भारत इतनी स्वतंत्रता देता है कि कोई भी प्राणियों का समूह किसी भी धार्मिक मत को मान सकता है। संस्कृति कोई भी हो सकती है और सामाजिक व मजहबी अलगाव भी रख सकता है। अलगाव इस स्तर तक का हो सकता है जहां व्यक्तिगत संबंध व सामाजिक संबंध भी जरूरी नहीं है। क्योंकि मनुष्यों की व्यक्तिगत और सामाजिक संबंध व्यक्ति की सीमा है। यह स्वाभाविक है कि कोई व्यक्तियों का समूह लाखों-करोड़ों में हो सकता है। यह संभव नहीं है कि हर व्यक्ति हर व्यक्ति से व्यक्ति व सामाजिक संबंध रख सकते हैं। इसलिए किसी राज्य का सदस्य होने के लिए सिर्फ कानून व्यवस्था का सदस्य होना जरूरी है। फिर भी हमारा जीवन किसी न किसी स्तर पर कभी ना कभी जुड़ता है और उन संबंधों को व्यवस्थित करने का काम राज्य का है। क्योंकि व्यक्ति का जीवन हर स्तर पर दूसरी जीवन से टकरा सकता है/ और संघर्ष सिर्फ इसलिए नहीं होता कि दोनों पक्ष संघर्ष चाहते हैं। एक समूह का कट्टर होना भी संघर्ष में डाल देता है, यह जरूरी नहीं है। यदि आप किसी पर हिंसक हमला या संघर्ष नहीं रखते तो आप पर हमला नहीं होगा। इसलिए राज्य का कार्य आपकी स्वतंत्रता पर उन प्रतिबंधों का लगाना भी है जो दूसरों की स्वतंत्रता को नुकसान पहुंचा सकते हैं। राज्य आपकी स्वतंत्रता कम नहीं करना चाहता परंतु उसे सभी की स्वतंत्रता की रक्षा करनी होती है। इसलिए राज्य व्यक्ति के ऐसी स्वतंत्रता व अधिकारों पर प्रतिबंध लगा देता है जो स्वतंत्रता समानता, न्याय अधिकारों के समान बंटवारे के विरुद्ध हो, चाहे ऐसी स्वतंत्रता अधिकार मजहब से ही क्यों न निकले हो। यदि राजनीतिक शक्ति ऐसे अधिकारों को समाप्त करती है तो कोई व्यक्ति ऐसा नहीं कह सकता है कि उसे यह अधिकार उसका मजहब देता है। मजहब से ऊपर राजनीतिक शक्ति होती है। मजहब वही सर्वोच्च होता है जहां मजहबी संगठन राजनीतिक सत्ता का निर्माण करता है। भारत का जीवन हर भाव में सभी मनुष्यों के कल्याण की बात करता है। फिर भी मुसलमान भारत का हिस्सा उस रूप में नहीं हो पाए हैं जिस रूप में भारत वास्तव में है। भारत का हिस्सा होने का अर्थ है उस संस्कृति से जुड़ जाना जो संस्कृति इस समाज में विकसित हुई है। इसलिए जब मुसलमान अपने को भारत का हिस्सा कहते हैं तो उनका इतना ही संबंध होता है कि वह भारत की भूमि पर रहते हैं। भारत में रहने का अर्थ इतना ही है कि वे इस भूमि पर बस गए हैं। यहां संपत्ति का निर्माण किया है। परिवार बनाएं, यहां

तक की राजनीतिक सत्ता का निर्माण किया। लेकिन मुसलमान भारत को भारत के रूप में स्वीकार नहीं कर पाए हैं। यदि मुसलमान भारत को भारत के रूप में स्वीकार कर पाते तो वे भारत में इस तरह से विलीन हो जाते जिस तरह से कोई नदी सागर में। मुसलमान के लिए भारत एक भूमि का क्षेत्र है, भारत एक संस्कृति नहीं है भारत को सिर्फ भूमि का क्षेत्र समझना या भारत को सिर्फ एक क्षेत्र समझना भी भारत का सदस्य होने में बाधा नहीं है। यदि मुसलमान भारत की संस्कृति और व्यापकता में नहीं रह रहे हैं तो मुसलमान किस व्यवस्था में रह रहे हैं? इसका एक ही उत्तर है कि मुसलमान इस्लाम में रह रहे हैं। मुसलमान इस्लाम को राज्य, संविधान से ऊपर रखते हैं यह तो उनके मुंह से भारत की महानता, परंपराएं, आदर्श, वसुधैव कुटुंबकम, भाईचारा, लोकतंत्र आदि शब्दों का प्रयोग बेईमानी लगता है। क्योंकि इस्लाम का बंधन ही गैर मुसलमानों को अलग कर देता है। इस्लामी जीवन का बंधन ही है कि इसमें गैर मुसलमान नहीं हो सकते हैं या जीवन कि वह संस्कृति व व्यापकता इस समाज का हिस्सा नहीं हो सकती है।

इस प्रकार भारत के मुसलमान भारत में रहते हुए भारत में नहीं रह रहे है, वे इस्लाम में रह रहे हैं। उनका जीवन इस्लाम से निर्देशित है। किसी का जीवन कहीं से भी निर्देशित हो इसका कोई फर्क नहीं पड़ता। लेकिन एक स्तर पर तो कानून व्यवस्था में बंधना होगा। इस्लाम भारत से कितना भी अलग क्यों न हो वह इतना अलग नहीं हो सकता कि राज्य के कानून न माने। राज्य की सुरक्षा को खतरा बने राज्य की आंतरिक व्यवस्था को बिगाड़े। भारत मैं यह संभावना तो है कि कोई व्यक्ति किसी भी मत को मान सकता है। किसी भी मजहब को मान सकता है। उसकी कोई भी पवित्र किताब हो सकती है। उसकी उपासना पद्धति कुछ भी हो सकती है। उसकी संस्कृति पहनावा कुछ भी हो सकता है। उसका जीवन संकुचित और व्यापक व अलगाववादी भी हो सकता है। लेकिन यह संभावना नहीं है कि आप, किसी के जीवन को खतरा बने कानून व्यवस्था को बिगाड़े या राज्य की सुरक्षा का खतरा बने या अपने मजहबी कानूनों को राज्य के कानूनों से ऊपर रखें। मुसलमान दो कारणों से भारत का हिस्सा नहीं रह पाया है या उस समाज का हिस्सा नहीं हो पाया है जिस समाज के भीतर यह शरीर रूप में रहता है। जबकि भारतीय समाज की यह संभावना है कि कोई भी इस समाज का हिस्सा हो सकता है। प्रथम कारण है इस्लाम और दूसरा कारण है राजनीति। राजनीतिक अलगाव भी मजहबी अलगाव का अगला कदम है। अर्थात राजनीति अलगाव भी मजहबी अलगाव से निकला है। मजहब अलगाव ने राजनीतिक अलगाव भी उत्पन्न किया है।

इस्लाम की भारत की भूमि पर स्थापना बाहरी आक्रमणों के द्वारा हुई है या मुसलमान भारत पर एक राजनीतिक शक्ति के रूप में स्थापित हुए हैं। चाहें वे एकमात्र लूटेरे थे या उनका उद्देश्य भारत पर इस्लामी शासन की स्थापना था। दोनों स्थितियों में उन आक्रमणकर्ता ताकतों को इस्लाम से जोड़ा गया है। क्योकि वे मुस्लमान थे या इस्लाम की व्यवस्था में रहते थे इस्लामी व्यवस्था के प्रभाव में इन आक्रमणकारी ताकतों ने भारतीय संस्कृति व सभ्यता को कितना नुकसान किया होगा इसका अनुमान इतिहासकारों के पास होगा। यदि मुसलमान मात्र लूटेरे थे तो भी मुसलमान भारत के शत्रु हैं। लेकिन मुसलमानों ने इस्लामी मानसिकता से आक्रमण किया। इसलिए उन्हें

इस्लामी आक्रमण कहा गया है। यदि सिर्फ वो लूटेरे थे तो उन आक्रमणों को इस्लामी आक्रमण क्यों कहा गया। और दूसरा यदि मुसलमानों ने देश पर प्रशासन ही किया तो वह इस्लामी शासन क्यों कहा गया। गैर मुसलमानों पर धार्मिक उत्पीड़न क्यों हुआ। उनके धार्मिक स्थलों को क्यों नुकसान किया गया और अंतिम बात जिससे कोई इंकार नहीं कर सकता तो भारत का राजनीतिक विभाजन इस्लाम के लिए क्यों कर दिया गया। भारत पर हुए आक्रमणों भारत पर शासन व भारत के विभाजन का इस्लाम से संबंध है। इस कारण भारत की राजनीतिक शक्तियां युद्ध के आधार पर संगठित हुई हैं। चाहे मुसलमानों के आक्रमण इस्लाम से प्रभावित थे या लूटेरों के आक्रमण थे। या मुसलमान का शासन सामान्य शासन था या इस्लामी शासन था यदि हम इस बात को भूल भी जाएं तो भी हमें इस बात को नहीं भूलना चाहिए की मुसलमानों ने इस्लाम के आधार पर भारत का विभाजन किया गांधी व नेहरू के होते हुए इस्लामी राजनीति कर सकते हैं। भारत का विभाजन करा सकते हैं जो नेता सेक्युलर व हिन्दू-मुस्लीम भाई-चारे की मिसाल माने जाते हैं तो उससे पहले मुस्लमान कैसे सेक्युलर हो सकते हैं। जब मुसलमान गांधी व नेहरू के समय सेक्युलर नहीं हो सके तो वे पहले और बाद में क्या सेक्युलर रहे होंगे। गांधी के इस विश्वास को भी नष्ट कर दिया जिस विश्वास के कारण गांधी ने कहा था भारत का विभाजन मेरी लाश पर होगा।

हमें यह भी नहीं भूलना चाहिए कि जो पाकिस्तान व बांगलादेश इस्लामी राज्य बने हैं वे भारत की ही भूमि पर स्थित है। यदि हम यह भी भूल जाएं कि भारत की भूमि पर इस्लामी राज्य का निर्माण हुआ है फिर भी इस्लामी समस्या इस देश में खड़ी है क्योंकि भारत का मुसलमान अपने को उस राजनीतिक गतिविधियों से जोड़कर देखता है जो मुसलमान ने इस देश में की है चाहे इन लोगों का व्यक्तिगत संबंध उन मुसलमानों से न भी हो। प्रथम यह गतिविधि कि मुसलमान एक आक्रमण के द्वारा अर्थात राजनीतिक शक्ति के द्वारा इस भूमि पर वर्चस्व स्थापित किया है। इस कारण भारत का मुसलमान अपने को उन आक्रमणकारी से जोड़ता है। अधिकतम मुसलमानों का उन से कोई संबंध नहीं है न रिश्तों का न खून का। यदि आज भारत के मुसलमान उन आक्रमणकारी ताकतों से अपने संबंध जोड़ते हैं तो इस संबंध का कारण इस्लाम है। यह इसी तरह है कि उन आक्रमणों का इस्लाम से जुड़ाव ओर मुसलमानों का इस्लाम से जुड़ाव। इस कारण आज के मुसलमान भी यही सोचते हैं कि उन्होंने भारत पर आक्रमण किया। हमें इस बात को स्वीकार करना पड़ेगा कि भारत पर एक लंबे समय तक इस्लाम के आक्रमण हुए हैं। हम इस बात से इनकार करके आने वाली पीढ़ियों को अंधकार में नहीं रख सकते हैं। इन आक्रमणों से भारत को संस्कृति को कितना नुकसान हुआ यह इतिहास का विषय है। परंतु हमें राजनीतिक नुकसान कितना हुआ इस बात का अंदाजा लगा सकते हैं। यदि भारत के मुसलमान अपने को उन आक्रमणकारी ताकतों से जोड़ते हैं तो इस बात का किसी को आश्चर्य नहीं होना चाहिए। दूसरी महत्वपूर्ण बात यह है कि भारत पर 800 वर्ष के काल को मुस्लिम काल कहा जाता है जो भारत के साथ सबसे बड़ा झूठ है मुस्लिम काल आने के बाद दूसरा काल आने की संभावना ही नहीं थी अर्थात, दूसरी संस्कृति का पूरी तरह से नष्ट होना। अर्थात मुस्लिम राज उस समय को कह सकते हैं जहां मुसलमानों के

अतिरिक्त कोई भी संस्कृति न हो। यदि भारत में कभी भी मुस्लिम काल आया होता तो आज भारत की संस्कृति नष्ट हो जाती। भारत के जिस स्थान पर मुस्लिम राज की स्थापना हुई है उसे आसानी से समझ सकते हैं। क्योंकि कोई भी समाज अपनी पूर्णता से शासन करता है। इस्लाम इस रूप में शासन करता है किसी को मुसलमान बनाना हिन्दू अपने हिन्दू होने अपने पहचान व संस्कृति में जीना है। कोई भी समाज अपनी संपूर्णता में जीतता है और संपूर्णता में हारता है। इसलिए कोई समाज अपनी संपूर्णता में आक्रमण करता है और कोई समाज संपूर्णता में रक्षा करता है। इसलिए मुसलमानों की संपूर्णता इस्लाम में थी ओर आक्रमण भी इस्लामी थे विजय भी इस्लामी थी और हार भी इस्लामी थी। इसी प्रकार हिन्दुओं को संपूर्णता हिन्दू जीवन मूल्यों में थी। जिन्होंने सुरक्षा भी हिन्दू पूर्णता की है और हारे भी हिन्दू पूर्णता से जैसे जो हिन्दू इस्लाम से हारे है वो मुसलमान बन गए हैं। जो इस्लाम से लड़ते रहे हैं वो हिन्दू के रूप में अपना जीवन बचा पाए हैं। क्योंकि जीवन पूर्णता से होता है यदि पूर्णता नहीं तो मुस्लिम शासन क्या? हिन्दू शासन क्या? ईसाई शासन क्या? इस प्रकार जो हिन्दू अपने को हिन्दू के रूप में बचा कर रह पाए हैं उन्हें इस्लामी शासन क्या और यदि मुसलमानों ने मजहब से हटकर शासन दिया तो वह इस्लामी शासक क्यों है। और उसका संबंध आज के मुसलमानों से क्या? मुसलमानों की राजनीतिक सत्ता भारत पर किस तरह की रही है प्रथम तौर पर आक्रमणकारी ताकते थीं जो भारत पर लूट के लिए आक्रमण करती थी। लगभग 800 साल तक यह सिलसिला चलता रहा। एक लुटेरों का समूह आता था और आक्रमण करके धन सोना ले जाते थे। यहां तक की स्त्रियों भी लूट का हिस्सा होती थी। इसलिए इन आक्रमणकारी शक्तियों को लूटेरों का समूह कहा जाता है। क्योंकि ये राजनीतिक आक्रमण (राजाओं के आक्रमण) नहीं थे। ये लूटेरों के आक्रमण थे। मुसलमानों को भारत की भूमि पर बसने के बाद भी आक्रमण उसी रूप में हुए। अब उन्हें बाहर से नहीं आना पड़ता था। ये एक जगह आक्रमण करके उस जगह को लूटना आग लगाना, अत्याचार करना था। दूसरा ये भारत को कभी भी पूर्ण तौर पर नहीं जीत पाए राजनीतिक स्तर पर भी नहीं क्योंकि भारतीय समाज इस आक्रमण का लगातार सामना करता रहा है। जब भारत का विभाजन हुआ तो मुस्लिम आक्रमणकारियों के वंशजों को पाकिस्तान के रूप में जो राज्य प्राप्त हुआ यह इस्लामी राज्य का हिस्सा था। 1947 में भारत के विभाजन का अर्थ था जो भारत बचा था उस पर मुसलमान अपनी राजनीतिक सत्ता हार गए थे जो उन आक्रमणकारी शासकों से जुड़ी थी जो मुस्लिम शासक थे। इसलिए जो मुसलमान पाकिस्तान में है उन्हें अपने को मुस्लिम शासकों से जोड़ने का अधिकार है। लेकिन भारत में मुस्लिम शासक उस दिन हार गए थे जिस दिन इस्लाम के नाम पर एक अलग राज्य ले लिया था। इसलिए भारत के मुसलमान भारत में शरणार्थियों के तौर पर रूके थे। भारत के मुसलमान दावा करते हैं कि उन लोगों ने इस्लामी राज्य को ठुकरा कर सेक्युलर राज्य को चुना। इस कारण इस्लाम गैर मुसलमानों से अलगाव की बात करता है जिस कारण राजनीतिक अलगाव भी उत्पन्न हुआ है। क्योंकि राजनीति तभी अलगाव कर सकती है जब सामाजिक अलगाव है। आज के मुसलमानों ने इस्लाम के नाते अपने को उन आक्रमणकारी लूटेरों से व इस्लामी शासन से जोड लिया है जिस

कारण मुसलमानों में हिन्दुओं के प्रति मजहबी अलगाव तो था ही राजनीतिक अलगाव भी पैदा हो गया है। इनके अंदर एक भावना पैदा है जो इन्हें यह खुशी देती है कि ये मुसलमान उन आक्रमणकारी लूटेरों के वंशज है और ये मुस्लिम शासकों के उत्तराधिकारी है। मुसलमानों में भारत के प्रति यह भावना है कि उन्होंने शक्ति के बल पर भारत में अपना शासन स्थापित किया और एक हजार साल तक हिन्दुओं पर शासन किया यह एक मानसिक अलगाव देती है। एक और कारण है मुसलमानों को लगता है उन्होंने ताकत के दम पर पाकिस्तान का निर्माण किया है। जबकि हिन्दुओं को लगता है कि हिन्दू मुस्लिम भाईचारा सदियों से है। जब किसी को लगता है कि उसने ताकत के दम पर सत्ता का निमार्ण किया है तो उस ताकत को ताकत के दम पर उखाड़ा जाता है। ज्ञानी को ज्ञान द्वारा ही हराया जाता है और कांटे को कांटे से ही निकाला जाता है। मित्र को मित्र शत्रु को शत्रु कहा जाता है। मित्र को मित्र कहने में और शत्रु को शत्रु कहने में संकोच नहीं करना चाहिए। जो जिस भाषा में समझता है उसे उसी भाषा में समझाना चाहिए। इस कारण भारत में मुसलमान अलग राजनीतिक शक्ति का निर्माण करते हैं जिसके आधार में इस्लाम है। इस अलग राजनीतिक शक्ति के कारण जो इस्लाम से उत्पन्न हुई थी भारत के विभाजन का कारण है। इसलिए भारत में भी मुस्लिम व गैर मुस्लिम अलग-अलग राजनीतिक शक्तियों का निर्माण करते हैं। क्योंकि हिन्दू व मुसलमान जीवन की पूर्णता है। हिन्दू समाज में वो यह संभावना है कि वह जीवन की किसी भी विविधता का समाहित कर सकता है। परंतु मुस्लिम समाज इस्लामी बंधन में बंधा है जो हर स्तर पर बंधन का निर्माण करता है। इस समाज में मजहबी अलगाव भी है और राजनीतिक अलगाव भी। तो इस बात का कोई आश्चर्य नहीं होना चाहिए कि हिन्दू और मुसलमान मजहब व राजनीतिक आधार पर टकरा जाएं। जब कोई समाज दूसरे से सहयोग व संघर्ष करता है तो वह जीवन की पूर्णता का सहयोग व संघर्ष होता है। इस कारण भारत में राजनीतिक दल राजनीतिक शक्तियों का निर्माण नहीं करते बल्कि हिन्दु-मुसलमान राजनीतिक शक्तियों का निर्माण करते हैं। हिन्दु समाज तो शून्य की स्थिति में भी कानून व प्रशासन का निर्माण कर सकते हैं। परंतु मुसलमानों ने पहले देश का विभाजन मजहब के नाम पर करवाया उसके बाद जो मुसलमान भारत की भूमि पर रह गए थे उन्होंने अपने को मजहब के नाम पर एक अलग राजनीतिक संगठन के तौर पर रखा है। मजहब के नाम पर प्रशासन को डराया, न्यायपालिका को डराया, संसद को डराया बहुमत को डराया, पुलिस को डराया यहां तक की देश को तोड़ने तक की धमकी भी दे देते हैं। यहां तक कि इस्लामी कानूनों को संविधान के स्तर तक पहुंचा दिया। यहां तक कि संविधान से ऊपर उठकर इस्लामी कानूनों को आदेशित करते हैं। इस कारण मुसलमान भारत में कानून व्यवस्था व राजनीतिक स्थिरता के लिए एक बार फिर खतरा बन गए हैं। जिस समस्या को हल करने के लिए 1947 में देश का विभाजन तक कर दिया गया लगभग 80 वर्षों में वह समस्या उसी रूप में खड़ी हो गई है। इसका एक कारण यह है कि हिन्दुओं ने अपनी राजनीतिक भूमिका को नहीं समझा। जब किसी समस्या को हल करने के लिए देश का विभाजन तक हो गया तो वह समस्या देश में क्यों है। यह इसी प्रकार है जैसे किसी बिमारी का इलाज करने के लिए शरीर के किसी हिस्से को काट देना और

वह बिमारी फिर भी शरीर में रहना। क्या हिन्दुओं को इस बात का पता नहीं है कि पाकिस्तान व बांग्लादेश जिनको इस्लामी राज्य के रूप में मान्यता दी गई है वे भारत की ही भूमि पर स्थित हैं। जब भारत की भूमि पर इस्लामी राज्य बनने से कोई धर्म निरपेक्षता खतरे में नहीं आई। तो भारत की भूमि पर हिन्दु राज्य बनने से कौनसी धर्म निरपेक्षता खतरे में आएगी। जब पाकिस्तान को मुस्लिम राज्य मान लिया गया तो मुसलमान पाकिस्तान क्यों नहीं गए। जब मुसलमान यह बात करते हैं कि उन्होंने भारत की स्वतंत्रता में योगदान दिया और वे भारत में रहना चाहते थे। यदि उन्हें भारत से इतना प्रेम था तो भारत का विभाजन क्यों होने दिया वह किस समाज का राजनीतिक दल था जिसने पाकिस्तान के लिए प्रस्ताव पास किया, चुनाव लड़े यहां तक की पाकिस्तान बनाने के लिए प्रत्यक्ष कार्यवाही की। अगर आपको भारत से प्रेम है तो पाकिस्तान भी तो भारत है। अगर पाकिस्तान भारत नहीं रहा है तो वह सिर्फ मुसलमानों की वजह से। अगर मुसलमानों की वजह से पाकिस्तान भारत नहीं रहा तो तुम कौन हो। अगर पाकिस्तान में लोकतंत्र नहीं है तो यह किस समाज की विशेषता है। अगर पाकिस्तान में मुसलमानों की वजह से लोकतंत्र नहीं है तो भारत में मुसलमान कैसे लोकतंत्र की रक्षा कर सकते हैं। यदि आप लोगों को इस्लाम में ही रहना था तो आपके लिए पाकिस्तान ही बेहतर था। आपका भारत में रहने का क्या अर्थ है क्या भारत सिर्फ एक भूमि का टुकड़ा है। तो क्या पाकिस्तान उसी भारत का एक टुकड़ा नहीं है। यदि भारत में लोकतंत्र है तो किन की वजह से। अगर हिन्दुओं की वजह से लोकतंत्र है तो आपको हिन्दु राज्य से क्या समस्या है। जब भारत के मुसलमान पाकिस्तानी मुसलमानों के बीच नहीं रह सकते जो इस्लाम से शासित हैं तो पाकिस्तान में गैर मुस्लिम अल्पसंख्यकों को क्यों नहीं निकाला जब गैर मुस्लिम पाकिस्तान में रह सकते हैं तो आपको हिन्दू राज्य में रहने से क्या समस्या है। मुसलमान मुसलमान के बीच नहीं रह सकता तो हिन्दु मुसलमान के बीच कैसे रहेगा।

यदि हम हिन्दु मुस्लिम समस्या पर विचार करते समय हमें यह नहीं भूलना चाहिए कि इस समस्या के कारण भारत का विभाजन हुआ है। प्रथम यह कि हिन्दु-मुस्लिम समस्या पर बात करने से धर्म निरपेक्षता खतरे में नहीं आएगी क्योंकि हिन्दु होना सिर्फ एक धार्मिक गतिविधि करना नहीं है। हिन्दु एक समाज है, संगठन है, कानून व्यवस्था राजनीतिक संगठन है, जीवन व्यवहार है। अपने आप में पूर्ण जीवन है। एक बहुसंख्यक समाज है इसी प्रकार मुस्लिम सिर्फ एक मजहबी गतिविधियां करने वाला समूह नहीं है यह समाज अपने आप में एक राजनीतिक संगठन कानून व्यवस्था निमय व्यवहार अर्थात जीवन की पूर्णता है। इसलिए जब मैं हिन्दु मुस्लिम की बात करता हूं तो मैं सिर्फ इनकी उन गतिविधियों को नहीं देखता जो ईश्वर से जुड़ी है। यदि हिन्दु व मुसलमान सिर्फ इसी कारण भिन्न है कि वे अलग-अलग ईश्वर को मानते हैं या उनके धार्मिक विचार या उपासना पद्धति अलग-अलग है तो यह मेरे लिए कोई महत्वपूर्ण बात ही नहीं। क्योंकि इस समाज में यह अपार संभावना है कि आपका धार्मिक मत कुछ भी हो सकता है। लेकिन मैं राजनीति का विद्यार्थी होने के नाते किसी समाज का कानून व्यवहार, व्यवस्था, राजनीतिक संगठन, राजनीतिक संघर्ष, राजनीतिक अलगाव देख सकता हूं। जब आप किसी धर्म या मजहब को सिर्फ धार्मिक

गतिविधियों के आधार पर देखते हैं तो आप पंत निरपेक्ष नहीं हो सकते। जब आप मजहब से ऊपर उठकर किसी समाज का व्यवहार देख पाते हैं तो आप पंथ निरपेक्ष होंगे। मैं राजनीति का विद्यार्थी होने के नाते मजहब से ऊपर उठकर किसी समाज का राजनीतिक, कानूनी, व्यवस्था, स्वतंत्रता अधिकारों के स्तर पर अध्ययन कर सकता है। इसलिए मजहब से ऊपर उठकर एक राजनीतिक कानूनों का निर्माण भी कर सकता हूं। एक राजनीतिक शक्ति का निर्माण भी कर सकता हूं। एक राजनीतिक शक्ति का निर्माण भी कर सकता हूं। कानून व्यवस्था का निर्माण भी कर सकता हूं। स्वतंत्रता व समानता की स्थापना भी कर सकता हूं। यदि स्वतंत्रता कानून व्यवस्था राजनीतिक स्थिरता व राज्य की सुरक्षा व अधर्म का नाश व धर्म की स्थापना के लिए राजनीतिक युद्ध में भी जा सकता हूं।

जैसा पहले भी बताया गया है कि लोकतंत्र व सेक्युलर राज्य में यह संभावना होती है कि आप किसी मत, विचार, संस्कृति का हिस्सा होते हुए भी राज्य का हिस्सा होते हैं। परंतु राज्य की एक विशेषता होती है कि एक राज्य में एक ही राजनीतिक सत्ता होती है। एक ही कानून व्यवस्था होती है। यदि किसी राज्य में दो राजनीतिक शक्तियां पैदा हो जाएं तो राजनीतिक संघर्ष उत्पन्न हो जाता है। और यदि किसी राज्य में दो कानून पैदा हो जाएं तो कानूनी संघर्ष पैदा हो जाता है। इसलिए राजनीतिक व कानूनी स्थिरता के लिए मजबूत राजनीतिक सत्ता का निर्माण जरूरी है।

क्या भारत में मुसलमान अल्पसंख्यक हैं

किसी का अलपसंख्यक होना बहुसंख्य पर निर्भर करता है। यदि मुसलमानों को अल्पसंख्यक कहा जाता है तो बहुसंख्यक हिन्दू है। हिन्दुओं के बहुसंख्यक होने के कारण ही मुसलमान अलपसंख्य हैं यह एक साधारण समझ है यहां पर हिन्दू व मुसलमानों का बहुसंख्यक या अल्पसंख्य होना सिर्फ धर्म के आधार पर माना गया है। यदि इसी बात को बहुसंख्यक या अल्पसंख्य माना जाए कि कौन किस ईश्वर को मानता है उसकी किताब क्या है उसकी उपासना पद्धति क्या है, वह ईश्वर के किस रूप को मानता है आस्तिक है या नास्तिक तो हिन्दू का जीवन व्यक्तिगत है क्योंकि यहां धार्मिक जीवन की गतिविधियों में विविधता है इस कारण हिन्दू धर्म सभी मनुष्यों को स्वीकार कर लेता है चाहे वे किसी भी भगवान में विश्वास करते हों जब यह समाज अपने आप में किसी एक किताब या पंथ में कठोरता से नहीं बंधा है। यह समाज इस बात पर भी ध्यान नहीं देता है कि किसका मजहबी मत क्या है। तो भारतीय समाज में कोई धार्मिक अल्पसंख्यक कैसे हो सकता है। जब धार्मिक विश्ववास व्यक्तिगत हैं। जब कोई किसी किताब को मानने वाले अपने को अल्पसंख्यक कहकर हिन्दुओं का शोषण करते हैं तो यह अन्यायपूर्ण है। हिन्दुओं के लिए कोई धार्मिक अल्पसंख्यक नहीं है क्योंकि उन्हें इस बात से कोई लेना देना है ही नहीं कि किस मत को मानने वाले हैं। इसलिए न तो हिन्दू धार्मिक बहुसंख्यक है न मुसलमान धार्मिक अल्पसंख्यक। यह समाज धर्म के आधार पर भेदभाव नहीं करता है। इस समाज में जीवन अनेक मतों में विभाजित है। यदि मुसलमान इस देश में अल्पसंख्यक हैं तो वह मुसलमानों के अपने कारण है। क्योंकि मुसलमान ने अपने को इस्लाम के आधार पर बांध कर गैर मुसलमानों के विरूद्ध खड़ा किया है राज्य का विभाजन तक किया है। मुसलमान को यदि लगता है कि वो अल्पसंख्य हैं तो वह उनके जीवन का अपना दृष्टिकोण मजहबी कट्टरता में बंधने के कारण बना है। इस बात से कोई फर्क नहीं पड़ता कि किसी धार्मिक गतिविधि को करने के लिए कितनी संख्या में व्यक्ति संगठित हुए हैं। यदि हम हिन्दुओं और मुसलमानों सिर्फ धर्म या मजहब के आधार पर देखेंगें तो कभी भी सेक्युलर नहीं बन पाएंगे। इसलिए मुसलमानों को मजहब के आधार पर कुछ भी ऐसे अधिकार नहीं देने चाहिए जो व्यक्ति से व्यक्ति की समानता का हनन करें या मजहब के नाम पर ऐसी गतिविधियां नहीं कर सकते जो कानून व्यवस्था के विरूद्ध हैं। इस प्रकार मजहब नाम पर राज्य की और से कोई भी सुविधाएं नहीं

ले सकते हैं। भारत में कोई भी धार्मिक अल्पसंख्यक नहीं है। सभी को धार्मिक गतिविधियां करने की स्वतंत्रता होनी चाहिए। हिन्दू समाज धार्मिक भावनाओं का ख्याल रखने के चक्र में यहां तक चला जाता है कि कुछ समुदाय इस समाज का मजहबी सहनशीलता की आड़ में शोषण करते हैं। पाकिस्तान में गैर-मुस्लिम अल्पसंख्यक हैं क्योंकि वह राज्य इस्लामी कानून से चलता है और मजहब के आधार पर भेदभाव करता है। धार्मिक अल्पसंख्य उन्हीं राज्यों में हो सकते है जो धर्म के आधार पर कानून व अधिकार बनाए। भारत एक सेक्युलर राज्य है इसलिए हमें कौन किस मत को मानता है यह नहीं देखना चाहिए। हमें यह देखना चाहिए कि कानून व्यवस्था न्यायपूर्ण है या नहीं। इसलिए सेक्युलर राज्य में वही अल्पसंख्य है जो राजनीतिक स्थिरता को या कानून व्यवस्था को नुकसान पहुचाएं। जैसे पहले भी बताया गया है कि हिन्दू और मुसलमान में अंतर इतना ही नहीं है कि उनके धार्मिक विश्वास अलग-अलग हैं यह संभावना इस समाज (राज्य) में है। परंतु हिन्दू-मुसलमान अपने आप में जीवन की पूर्णता है। कोई समाज मजहबी विविधता को स्वीकार कर सकता है परंतु एक राज्य राजनीतिक संगठन होता है। जीवन की पूर्णता जीवन को अलग-अलग स्तरों पर खड़ी करती है जैसे धार्मिक जीवन राजनीतिक जीवन कानून व्यवस्था व्यक्तिगत या निजी जीवन। एक समाज की संभावना होती है कि वह किस स्तर तक जीवनों के टकराव को झेल सकता है। राज्य का प्रथम कार्य राज्य की सुरक्षा और कानून व्यवस्था होती है कोई भी राज्य राजनीतिक स्थिरता व कानून व्यवस्था के नुकसान को नहीं झेल सकता है। कानून व्यवस्था क्या होगी यह वह समाज तय करेगा जो राजनीतिक सत्ता का निर्माण करेगा। हिन्दू मुस्लिम अलग-अलग कानून व्यवस्थाएं हैं इस कारण ये राजनीतिक स्तर पर भी एक नहीं होंगे। हो सकता है मिलकर प्रशासन चला ले पर राजनीति का कार्य सिर्फ प्रशासन चलाना नहीं है जीवन को गहराई से समझते हुए कानून की गहराई में जाना होता है जहां यह संभावना नहीं है क्योंकि मुसलमान इस्लामी कानून से बंधे हैं। हिन्दू मुसलमानों का जीवन को शासित करने का अलग-अलग ढंग है हो सकता है मुसलमानों की तरफ से हिन्दुओं के विरूद्ध एक मजहबी अलगाव हो। परंतु यह संभावना नहीं है कि हिन्दू किसी पर सिर्फ इसलिए आक्रमण कर दे कि वह किसी और मत में विश्वास करता है। इसलिए हिन्दू या मुसलमानों का संघर्ष ईश्वर को प्राप्त करने का संघर्ष नहीं है। ईश्वर इतना छोटा नहीं है कि यदि हिन्दुओं ने पा लिया तो मुसलमानों को नहीं मिलेगा या मुसलमानों ने पा लिया तो हिन्दुओं को नहीं मिलेगा। इससे क्या फर्क पड़ता है उसको किस नाम से जाने वह नाम के बिना भी पूर्ण। इस कारण हिन्दू मुस्लिम संघर्ष भूमि पर होने वाला यर्थाथ संघर्ष है न कि ईश्वरीय संघर्ष। चाहे हिन्दू या मुसलमान का बनना ईश्वरीय बंधन से बना है। प्रथम रूप में ये दो कानून व्यवस्थाएं, शासन व्यवस्थाओं, राजनीतिक व्यवस्थाओं, व्यवहारों का संगठन बनाती है और अंतिम रूप में राजनीतिक शक्तियों के रूप में खड़ा करती हैं। और ये दो जीवन रूपों के तौर पर खड़ा करती है। अर्थात जीवन की दो पूर्णताएं। जैसा पहले भी बताया गया है कि हिन्दू समाज जीवन के हर स्तर पर लोकतांत्रिक बनाता है जिस कारण कोई भी मजहबी विचार मत इस समाज में ऐसे समहित हो जाता है जैसे सागर में नदियां परंतु मुसलमान इस समाज में रहते हुए लोकतांत्रिक व्यवस्था का उस

स्तर पर लाभ उठाते हुए जिस स्तर तक इनके हित में हो फिर भी अपने आंतरिक बंधन में रहते हैं जिसे इस्लामी व्यवस्था कह सकते हैं। जो अपने आप में पूर्ण है एक अलग राजनीतिक शक्ति के रूप में खड़ा करता है। जिसके अपने कानून, व्यवहार नियम हैं। इस कारण मुसलमान भारत में रहते हुए एक अलग कानून व्यवस्था का पालन करते है कई बार ऐसे कानून संविधान का उल्लंघन करते हुए भी आदेशित किए जाते हैं।

यह यर्थाथ संभावना है कि मनुष्य से मनुष्य का संघर्ष अनेक कारण से हो सकता है यह व्यक्तिगत भी हो सकता है सामूहिक भी हो सकता है। चाहे आपका जीवन कितना भी व्यक्तिगत हो। किसी अन्य से जुड़ना ही इसे सार्वजनिक बना सकता है और ये संबंध जरूरी नहीं कि सहयोगी रहे संघर्ष भी उत्पन्न करता है। इस प्रकार वे दोनों समाज जीवन की दो व्यवस्थाओं का निर्माण करते हैं जो जीवन व्यवस्थाएं होने के कारण ही ये अलग-अलग राजनीतिक शक्तियों के तौर पर खड़े है। इसलिए हिन्दुओं व मुसलमानों में राजनीतिक संघर्ष प्रशासनिक पदों को प्राप्ति का नहीं होगा बल्कि जीवन की पूर्णताएं टकराएंगी। इसलिए राजनीतिक स्थिरता के लिए किसी एक राजनीतिक शक्ति का राजनीतिक सत्ता के लिए संगठित होना जरूरी है। राजनीतिक शक्ति राजनीतिक सत्ता को निश्चित करती है कानून को निश्चित करती है प्रशासन को निश्चित करती है, व्यक्ति की स्वतंत्रता, अधिकार, न्याय, समानता, दण्ड को निश्चित करती है या हर स्तर पर संघर्ष को समाप्त या संघर्ष को मर्यादित करती है। इसलिए हिन्दुओं को जीवन की पूर्णता को देखते हुए हिन्दू समाज को एक राजनीतिक शक्ति के रूप में खड़ा होना होगा और उन संभावनाओं को समाप्त करना होगा कि कोई दूसरा समाज राजनीतिक शक्ति के रूप में न टकराए। क्योंकि राजनीतिक स्थिरता ही जीवन को हर स्तर पर स्थिर या व्यवस्थित करती है जैसे पहले भी बताया गया है कि संघर्ष किसी भी स्तर पर हो सकता है एक समाज (राज्य) में यह संभावना होती है कि वह किस स्तर तक संघर्ष को समाप्त कर सकता है या मयार्दित कर सकता है। किसी राज्य में संघर्ष को समाप्त करना राजनीतिक शक्ति का कार्य होता है राजनीतिक शक्ति की सामूहिक संघर्ष को भी रोक सकती है और व्यक्तिगत संघर्ष को भी। यदि जो शक्ति राजनीति सत्ता के द्वारा कानूनों को निर्माण करे उसी शक्ति से ही संघर्ष हो जाए तो यह एक सामान्य संघर्ष नहीं होता बल्कि यह एक राजनीतिक युद्ध होता है। जब राजनीतिक शक्ति का निर्माण हिन्दू या मुसलमान करते हैं तो हिन्दू या मुस्लिम होना सिर्फ ईश्वर तक संबंध नहीं है बल्कि यह समाज जीवन की पूर्णता का निर्माण करते हैं जिस कारण हिन्दू या मुसलमान दो अलग-अलग कानून व्यवस्थाओं का निर्माण करते हैं जिस कारण हिन्दू या मुसलमान दो अलग-अलग राजनीतिक शक्तियों के रूप में भी खड़े होते हैं इसलिए हिन्दू व मुसलमान के बीच होने वाले संघर्ष को राजनीतिक युद्ध समझना चाहिए। ये जरूरी नहीं राज्य की सीमाओं के बाहर हो यह एक राज्य के भीतर भी हो सकता है। इसलिए चाहे हिन्दू या मुसलमान राजनीतिक सत्ता के लिए संघर्ष हो या मजहबी युद्ध हो दोनों को समान समझना चाहिए। क्योंकि ये युद्ध सामूहिक संगठन पर आधारित होगें। इसलिए इस तरह के संघर्ष को रोकने के लिए राजनीतिक शक्ति का स्थिर व मजबूत होना जरूरी है और इसे राजनीतिक व

पहचान दोनों के स्तर पर खड़ा होना होगा। जब पहचानों से ही राजनीतिक शक्तियों का निर्माण होता है तो पहचानों के संघर्ष का राजनीतिक संघर्ष ही समझना चाहिए। एक मजबूत राजनीतिक सत्ता न केवल राजनीतिक संघर्ष को समाप्त कर देगी बल्कि मजहबी संघर्ष भी समाप्त हो जाएगा। एक स्थिर राजनीतिक सत्ता वह होती है जो समाज राजनीतिक शक्ति का निर्माण करता है उस समाज के व्यक्ति को भी उसी कठोरता से दंड दे सके। राजनीति एक पूर्ण व्यवस्था से निकलती है। अर्थात वह जीवन को हर स्तर व्यवस्थित करती है। राजनीतिक सत्ता का निर्माण संख्या के आधार पर हिन्दू मुसलमान साथ मिलकर कर ही नहीं सकते हैं। यानी हिन्दू या मुसलमान दोनों एक संसद में शरीरों के स्तर पर तो बैठ सकते हैं परंतु ये फिर कानूनी तौर पर टकराएंगे। राजनीतिक संघर्ष होगा कानूनी एकमतता नहीं होगी। अधिकारों, स्वतंत्रता, समानता, न्याय, दंड, अपराध को कानूनी तौर पर निश्चित नहीं कर पाएंगे। क्योंकि निश्चित कानून निश्चित राजनीतिक सत्ता में से निकलते हैं। इसलिए हिन्दू या मुसलमान का एक ही संसद में बैठना राजनीतिक अस्थिरता तो उत्पन्न करेगें ही परंतु यह अस्थिरता जीवन को हर स्तर पर अस्थिर करेगें। राजनीतिक अस्थिरता कानून व्यवस्था को नष्ट करेगें जिस कारण व्यक्ति के अधिकारों व स्वतंत्रता पर प्रभाव पड़ेगा। इसलिए हिन्दुओं का यह राजनीतिक धर्म है कि अपनी राज्य के प्रति जिम्मेदारी समझें। एक मजबूत राजनीतिक सत्ता का निर्माण करें और व्यक्ति की स्वतंत्रता उस स्तर तक बना कर रखें जिस स्तर तक इस समाज की संभावना है। हिन्दू समाज उच्च आदर्शों पर खड़ा हुआ समाज है। आपसे भारत की पहचान है। व्यक्ति की स्वतंत्रता क्या है उसके अधिकार क्या हैं उसका जीवन कितना सुरक्षित है। अपराध, न्याय और दण्ड को आप परिभाषित करेंगे। राज्य की आंतरिक व्यवस्था, कानून व्यवस्था, राज्य की सुरक्षा आपको करनी है। अर्थात हिन्दू ही राज्य है हिन्दू की राजनीतिक शक्ति है हिन्दू ही कानून व्यवस्था इसलिए हिन्दू को मात्र एक ईश्वरीय मत का मानने वाला न समझ कर जीवन की पूर्णता समझिये और सबसे प्रथम कार्य राज्य को संभालिए। क्योंकि आपको हिन्दू राष्ट्र या राज्य बनाने की घोषणा नहीं करती है। यह हिन्दू राष्ट्र है और हिन्दू राज्य भी है बस आपको राज्य में बहुमत होने की जिम्मेदारी निभानी है। भारत की भूमि पर आप किस तरह की व्यवस्था का निर्माण करते है यह आप पर निर्भर है आप बहुमत होने के नाते सिर्फ भारत के प्रति जिम्मेदार नहीं है बल्कि पूरे संसार के प्रति आपका उत्तरदायित्व है। जब में हिन्दू शब्द का प्रयोग करता हूं तो इसे जीवन की पूर्णता के तौर पर देखता हूं और राजनीति का विद्यार्थी होने के नाते हिन्दुओं को एक राजनीतिक शक्ति के रूप में, कानून व्यवस्था के रूप में, व्यक्ति की स्वतंत्रता के रूप में खड़ा करना मेरा उद्देश्य है ये राजनीति शक्ति न केवल अपने जीवन की रक्षा कर बल्कि उन लोगों की भी कानून व्यवस्था में ढाल है जो स्वाभाविक तौर पर इस समाज का हिस्सा नहीं है। यह आपका धर्म है और मैं आपको आपके धर्म से हटने नहीं दूंगा।

राजनीतिक शक्ति (सत्ता) के रूप में मुसलमानों से संबंध जैसा पहले भी बताया गया है कि मुसलमान अलग मजहबी संगठन में बंधे हुए है जिस कारण मजहबी अलगाव तो पैदा होता ही है राजनीतिक अलगाव भी पैदा होता है अर्थात जीवन की पूर्णता का अलगाव पैदा होता है। इस

कारण मुसलमानों से सामाजिक संबंध की संभावना नहीं है। मुस्लिम होने का अर्थ है हिन्दू न रहना और हिन्दू होना का अर्थ है मुस्लिम न होना। यह दो समूह जीवन को पूर्णता से भिन्न करते हैं। हम इन्हें ऊपरी स्तर पर मिलाने का प्रयास नहीं करना चाहिए। बल्कि पूर्ण तौर पर समाज का हिस्सा बनाना चाहिए। ऊपरी तौर पर हिन्दू और मुसलमानों को एक दिखाने का प्रयास एक छलावा होगा क्योंकि मुस्लिम समाज की जड़ों में अलगाव है। यदि कोई मुसलमान यह दिखाने का प्रयास करे कि उसने अपने आप को भारत की संस्कृति के अनुसार ढाल लिया है या ऐसे महान शब्दों का प्रयोग करे जो भारत की पहचान है तो यह एक छलावा होगा। यदि कोई हिन्दू से मुसलमान बनता है तो उसकी हिन्दू के रूप में मृत्यु हो चुकी होती है और यदि कोई मुसलमान से हिन्दू बनता है तो उसकी मुसलमान के रूप में मृत्यु हो चुकी होती है। यह एक जीवन व्यवस्था से निकलकर दूसरी जीवन व्यवस्था में जाने को है। इससे सिर्फ मजहबी विश्वास ही नहीं बदलता परंतु उत्तरदायित्व व निष्ठा भी बदल जाती है। यह जीवन की पूर्ण व्यवस्था को बदल देता है। सबसे महत्वपूर्ण बात यह है कि यह राजनीतिक शक्ति से संबंध तोड़ना व जोड़ना भी है। अर्थात राजनीतिक निष्ठा में भी परिवर्तन होता है। तो क्या किसी के मजहबी विश्वास से भारत को कोई नुकसान हो सकता है क्या भारत में यह संभावना नहीं है। यह पहले विस्तृत तौरर पर बताया जा चुका है कि किसी मत विचार से भारत को कोई आपत्ति नहीं है यदि वह सिर्फ ईश्वर से संबंधित है। परंतु भारत एक राज्य भी है उसकी सुरक्षा भी है कानून व्यवस्था भी है। इस कारण जो समाज राजनीतिक सत्ता का निर्माण करता वह समाज कानून व्यवस्था का निर्माण भी करता है। एक राज्य का अर्थ है चाहे जीवन में सामाजिक, मजहबी तौर पर कितना भी अलगाव हो मनुष्य को एक स्तर पर तो बंधना ही होता है और वह प्रथम स्तर है कानून व्यवस्था। एक राजनीतिक शक्ति आपको कानून व्यवस्था के स्तर पर तो बांधेगी ही यदि आप इस स्तर पर नहीं बंधे तो राज्य आपको दण्ड दे सकता है। जैसा पहले भी बताया गया है कि राजनीतिक सत्ता राज्य की सुरक्षा व कानून व्यवस्था करती है इसलिए वह जीवन को सुरक्षित भी करती है और जीवन को नष्ट भी कर सकती है।

अब हम बात करेंगे कि मुसलमान भारत में किस प्रकार बंधेंगे क्योंकि भारत एक समाज भी है सभ्यता व संस्कृति भी है और कानून व्यवस्था भी है। मुसलमान होते हुए तो हिन्दू व मुसलमानों के बीच संबंध सिर्फ कानूनी व राजनीतिक रहेंगे। एक शक्ति राजनीतिक सत्ता का निर्माण करके कानून लागू करेगी। भारत शब्द का अर्थ व्यापक है यह सिर्फ एक भूमि का टुकड़ा नहीं है इसलिए भारत का सही अर्थों में हिस्सा होना भारतीय समाज संस्कृति, सभ्यता का हिस्सा होना है सांस्कृतिक संबंधों से लेकर आध्यात्मिक स्तर तक अर्थात इस तरह मिल जाना जिस तरह नदी सागर में। भारत किसी प्रकार का बंधन नहीं है। यदि कोई मनुष्य का समूह भारत की व्यापकता का हिस्सा नहीं हो पाया है तो यह उस समाज की सीमा है। जब हम भारत के मुसलमानों के साथ संबंध देखेंगे तो प्रथम तौर पर मुसलमान बाहर से इस भूमि पर बसे हैं। एक आक्रमणकारी शक्ति के रूप में भारत पर स्थापित हुए थे और राज्य की स्थापना की। तो हम इन्हें एक राजनीतिक शक्ति कह सकते हैं। जो इस्लामी कानून के अनुसार शासन करती थी। इसी कारण इसे मुस्लिम आक्रमण या मुस्लिम राज

कहते हैं। अंतिम रूप में भारत का विभाजन मजहब के आधार पर हो गया है और भारत के एक हिस्से को इस्लामी राज्य के रूप में स्वीकार कर लिया गया है इस कारण भारत स्वाभाविक रूप में हिन्दू राज्य हो जाता है। जब हम हिन्दू मुस्लिम समस्या पर बात करते हैं तो हमें यह नहीं भूलना चाहिए कि पाकिस्तान भी भारत का हिस्सा है जो इस्लामी राज्य है। लेकिन इसके बाद भी भारत में मुस्लिम समस्या है जो देश की कानून व्यवस्था को खतरा व राज्य की एकता को भी खतरा है। जबकि मुसलमान दावा करते हैं कि उन्होंने भारत को चुना था भारत को चुनने का अर्थ था भारतीय समाज का हिस्सा होना अर्थात हिन्दू के रूप में भारत को चुनना यदि भारत को मुसलमान के रूप में ही चुनना था तो पाकिस्तान भी भारत है। जब आपको इस्लामी व्यवस्था में ही रहना था तो पाकिस्तान आपके लिए अच्छा था। यदि पाकिस्तान में लोकतंत्र नहीं है इस्लामी कट्टरता है तो यह आपकी समस्या है हमारी नहीं लोकतंत्र अपने समाज में पैदा किया जाता है स्वतंत्रता अधिकार अपने समाज की संपत्ति होती है दूसरे के समाज की नहीं। यदि हिन्दू समाज ही लोकतांत्रिक है तो हिन्दू राज्य से क्या समस्या है। इसलिए यह मुसलमानों का कर्तव्य बनता है कि वे भारत का हिस्सा होने के लिए भारतीय समाज का हिस्सा बने। इसलिए मुसलमानों का यह कर्तव्य बनता है कि वे भारत को पूर्णता के साथ स्वीकार करें न कि भूमि के टुकड़े के रूप में।

ऐसा करने से भारत के भीतर राजनीतिक व मजहबी संघर्ष समाप्त हो जाएगा। और ऐसा करने में मुसलमानों को कोई समस्या नहीं होनी चाहिए क्योंकि मुसलमानों ने 1947 में इस्लामी राज्य को त्याग किया और यह तर्क दिया कि इस्लाम में लोकतंत्र नहीं है। अर्थात भारत के मुसलमान इस बात का दावा करते हैं कि वे पाकिस्तान को इसलिए स्वीकार नहीं किया कि वह एक मजहबी राज्य है। मजहब अर्थात इस्लामी राज्य अर्थात इस्लामी कानून व्यवस्था। दूसरा मुसलमानों ने चाहे इस्लाम अपनाया हो परंतु भारत की संस्कृति की व्यापकता का उन पर प्रभाव है। भारत की संस्कृति का आज भी गहरा प्रभाव है। यह उनके जीवन की गतिविधियों में उनके नाम में हिन्दू होने की पहचान है। तीसरा बहुत से मुसलमानों को पता है कि उनके पूर्वज हिन्दू थे और इन्होंने इस्लामी मत अपनाया। चौथा मुस्लमाना होते हुए भी मुसलमान उस स्वतंत्रता अधिकारों को जीते हैं जो इस्लाम में वर्जित हैं। पांचवां भारत पाकिस्तान, बांग्लादेश के मुसलमान इस्लामी शासन के राज में अभी पूर्ण तौर पर नहीं पहुंचे अर्थात भारत की संस्कृति या लोकतांत्रिक मूल्यों का प्रभाव अभी मुसलमानों पर बाकी है। छठा भारत जैसे देश में यह संभावना है कि मुसलमानों को इस्लामी व्यवस्था में से निकालने में सहायता कर सकता है। ऐसा करने से मुसलमान स्वाभाविक तौर पर हिन्दू हो जाएंगे और राज्य के निर्माता राष्ट्र निर्माता होंगे। हिन्दुओं का मुसलमानों से क्या संबंध होगा। हिन्दुओं को राज्य में दो स्तर पर खड़ा करना होगा प्रथम तौर पर एक समाज के रूप में खड़ा करना है अर्थात मुसलमानों को हिन्दू बनाना है। हिन्दू बनाने का अर्थ यह नहीं है कि किसी के मजहब से समस्या है। हिन्दू बनाने का अर्थ है जीवन की पूर्णता का हिस्सा बनाना सिर्फ ऊपरी तौर पर एक दूसरे के समाज के उत्सवों में हिस्सा लेने से समाज एक नहीं होगा। इसलिए हिन्दुओं को धर्म प्रचार करना होगा। जब मैं धर्म के प्रचार अर्थात हिन्दू बनाने की बात करता हूं तो इसका

यह अर्थ नहीं है कि किसी मजहबी विश्वास के विरूद्ध हैं। धर्म जीवन की एक व्यवस्था है। हिन्दू धर्म अपने अंदर सभी मजहबी मतों को समाहित कर लेता है इसलिए किसी को हिन्दू बनाकर भी उसका मत नष्ट नहीं किया जाता। किसी को हिन्दू बनाने का अर्थ किसी के जीवन की संकुचितता को नष्ट करना नहीं है। क्योंकि सभी मनुष्यों का जीवन पूर्णता से उत्पन्न हुआ है इसलिए किसी का मत बदलकर भी नहीं बदलता। भारत के अंदर किसी को हिन्दू बनाना राजनीतिक स्थिरता व कानून व्यवस्था, व राज्य की सुरक्षा के लिए जरूरी है। किसी को हिन्दू बनाना किसी मजहबी कट्टरता की संतुष्टि नहीं है बल्कि राज्य की सुरक्षा है। हिन्दुओं का ऐसा विश्वास नहीं है कि सिर्फ हिन्दुओं को ही ईश्वर मिलेगा। ना ही किसी का मतांतर की बात कही गई है। इसलिए किसी को हिन्दू बनाना जीवन के भौतिक आधार तक है। जीवन को आध्यात्मिक स्तरों तक खोजना यह जीवन की व्यक्तिगत क्षमता है। मैं राजनीति के विद्यार्थी के नाते एक मजबूत राजनीतिक सत्ता का निर्माण करने व मजबूत कानून व्यवस्था के लिए राज्य की सुरक्षा के लिए व हिंसक मजहबी संघर्ष को समाप्त करने के लिए हिन्दू बनाना चाहता हूं। लेकिन किसी भी स्थिति में हमें किसी को हिन्दू बनाने के लिए ताकत का इस्तेमाल नहीं करना है न ही किसी को धन पद का लालच देना है क्योंकि यह हिन्दू धर्म के विरूद्ध है क्योंकि हिन्दू धर्म जीवन को हर रूप में स्वीकार करता है। और किसी को हिन्दू बनाने का कार्य राजनीतिक शक्ति ने द्वारा नहीं किया जाएगा। क्योंकि यह सेक्युलर राज्य के विरूद्ध होगा। यह कार्य सामाजिक व धार्मिक संगठनों व धर्म गुरूओं को करना है। किसी की सहमति से क्योंकि मजहब के साथ अलग जीवन व्यवस्था कानूनी व्यवस्था जुड़ी है। जब आप मजहब के परदे के पीछे समाज को देख सकते हैं और उस समाज की कानूनी व्यवस्था सामाजिक व्यवहार देख सकते हैं तभी आप सेक्युलर होते है। सेक्युलर समाज वह नहीं होता है जहां मजहब के नाम पर कुछ भी कर सकते हैं। सेक्युलर समाज वह होता है जो मजहबी गतिविधियों से परे भी देख सकता है। यदि किसी मजहब में ऐसी गतिविधियों हो जो किसी राज्य की कानून व्यवस्था को बिगाड़े तो वह गतिविधियां मजहबी नहीं रह जाती हैं उन पर राज्य के कानून नियंत्रण कर सकते हैं। सेक्युलर शब्द न ही भारतीय समाज में पैदा हुआ है ना ही मुस्लिम समाज में। इसका कारण यह है कि भारत को इसकी जरूरत नहीं है क्योंकि भारत स्वाभाविक रूप से अपने भीतर हर स्तर पर जीवन की विविधता को स्वीकार करता है ईश्वरीय स्तर पर या आध्यात्मिक स्तर पर भी लोकतंत्र है निचले स्तर भाषा, पहनावा, खान-पान में भी जीवन की विविधता को स्वीकार करता है तो भारत को ऐसा क्या सीखना रह गया था जो सेक्युलर शब्द से सिखेगा। और मुस्लिम समाज में सेक्युलर होने की संभावना नहीं क्योंकि जो समाज आपस में मजहब के आधार पर लड़ता है जब एक मुसलमान दूसरे मुसलमान को मार सकता है तो इस समाज को गैर-मुसलमानों के प्रति सेक्युलर कैसे बना सकते है। वास्तव में यह शब्द उस समाज का है जिस समाज ने मजहबी कट्टरता को हराया है व व्यक्ति के राजनीतिक व निजी जीवन को मजहब से स्वतंत्रत कराया था। सेक्युलर होने का अर्थ है मजहब के आधार पर किसी प्रकार का भेद-भाव न हो। जो समाज मजहब के आधार पर किसी की हत्या कर दे और आप उस समाज से उम्मीद रखते हैं कि वह सेक्युलर

व्यवहार करे। सेक्युलर शब्द भी अपने आप में काफी उच्च है। किसी भी शब्द का अपना महत्व होता है और हम शब्द का प्रयोग उसी व्यक्ति व समाज को करना चाहिए जो उस शब्द का महत्व व भार उठा सके। इसलिए भारत पहले ही वसुधैव कुटूम्बम की बात करता है अर्थात भारत सदियों से सेक्युलर रहा है जबकि यह शब्द मुस्लिम समाज की सीमा से बाहर है मुसलमान इस शब्द का प्रयोग एक हथियार के तौर पर करते हैं। किसी राज्य को सेक्युलर होने के क्या पैमाने है। प्रथम रूप में हमें यह जानना होगा की सेम्युलर समाज क्या है। सेक्युलर व्यक्ति कौन है। और एक राज्य किस स्तर तक सेक्युलर हो सकता है। कोई व्यक्ति किस स्तर तक सेक्युलर हो सकता है यह उस समाज की सीमा है। समाज की सीमाएं व्यक्ति को एक स्तर तक सेक्युलर बना सकती है। प्रथम यह है कि सेक्युलर जीवन के सिर्फ महजबी स्तर तक नहीं हो सकता यह जीवन के हर स्तर पर होता है जैसे आप यह तो स्वीकार कर लेते हैं कि किसी व्यक्ति के धार्मिक मत विचार कुछ भी हो सकते हैं परंतु आप उसकी अन्य पहचान संस्कृति, भाषा रंग आदि स्वीकार नहीं कर पाते तो यह सेक्युलर संबंध नहीं है। सेक्युलर विचार को जीवन के हर स्तर पर देखना चाहिए। इस कारण यह एक व्यापक शब्द होना चाहिए जो जीवन की पूर्णता को स्वीकर करता हो जैसे वसुधैव कुटूम्बकम और दूसरा सेक्यूलर शब्द को राज्य के स्तर पर देखा जाता है अर्थात राज्य को ही सेक्युलर होना चाहिए उन धार्मिक समूहों के साथ जो संख्या में कम है। अर्थात यह माना जाता है बहुसंख्यक ही सेक्युलर होगा अल्पसंख्य के साथ। परंतु सेक्युलर होना व्यक्तिगत भी है इस कारण यह एक दोहरा विचार है इस कारण इसे सिर्फ बहुसंख्यकों पर ही यह आशा नहीं करनी चाहिए बल्कि अल्पसंख्यकों को भी सेक्युलर होना चाहिए। यदि सेक्युलर होने का अर्थ सिर्फ एक अल्पसंख्यक मजहब के प्रति है तो किसी समाज को सेक्युलर होने के किस हद तक अल्पसंख्यकों की गतिविधियां सहन करनी होती हैं। क्या सेक्युरिज्म की आड़ में कोई मजहब कानून व्यवस्था को बिगाड़ सकती है राजनीतिक स्थिरता को खतरा बन सकती है। राज्य की सुरक्षा को खतरा बन सकता है। या अपराधों में छूट देनी होगी या कोई समाज अपनी मजहबी भावनाओं को संतुष्ट करने के लिए किसी की हत्या तक कर सकता है। यदि कोई मजहबी संगठन मजहब के आधार पर अलग राजनीतिक संगठन बनाए तो भी उसको सिर्फ धार्मिक संगठन समझना चाहिए। क्या कोई मजहबी समूह किसी राज्य में संविधान होते हुए मजहबी कानूनों को राज्य के कानून से उपर रख सकता है। एक राज्य में दो संविधान दो कानून व्यवस्थाएं हो सकती है। क्या किसी सेक्युलर राज्य में मजहब के नाम पर विशेष सुविधाएं दी जा सकती हैं। क्या सेक्युलर राज्य में राजनीतिक सत्ता सिर्फ इसी कारण समाज सुधार नहीं कर सकती कि वह समाज अल्पसंख्यक मजहब का है। क्या सेक्युलर राज्य में समान नागरिक संहिता लागू नहीं की जा सकती। क्या सेक्युलर राज्य में व्यक्ति से व्यक्ति की असमानता हो सकती है।

सेक्युलर राज्य का इतना ही अर्थ होता है कि कोई राज्य व्यक्ति की मजहबी स्वतंत्रता की रक्षा करता होता है। व्यक्ति अपनी इच्छा से धार्मिक गतिविधियां कर सकता है। किसी भी मत, किताब, ईश्वर के किसी भी रूप की उपासना कर सकता है। उसकी धार्मिक गतिविधियां अलग हो सकती है। यदि कोई मुनष्यों का अलग समूह धार्मिक रूप से संगठित हो सकता है। जब कोई मजहबी

समूह संगठित गतिविधि करता है तो वह गतिविधि मजहबी है तो यह उसका अधिकार है परंतु यदि कोई समूह संगठित तो धर्म के नाम पर होता है परंतु वह उस संगठन का प्रयोग राजनीतिक शक्ति के रूप में करता है तो उस मजहबी संगठन नहीं समझना चाहिए उसे एक शक्ति के रूप में समझना चाहिए और उस राजनीतिक शक्ति के साथ वहीं व्यवहार करना चाहिए जो राजनीतिक शक्ति करती है। अर्थात एक राज्य में एक से अधिक राजनीतिक शक्तियां नहीं रह सकती। सेक्युलर राज्य प्रथम तौर पर व्यक्ति के धार्मिक विश्वास धार्मिक गतिविधियां करने की स्वतंत्रता की रक्षा करता है वे गतिविधियां व्यक्तिगत व सामूहिक हो सकती है। इसलिए राज्य समूह के रूप में भी मजहबी गतिविधियां करने की स्वतंत्रता प्रदान करता है। परंतु सेक्युलर राज्य में मजहब से ऊपर कानून व्यवस्था होती है इसलिए जिन गतिविधियां करने से कानून व्यवस्था भंग हो सकती है राज्य उन मजहबी गतिविधियों पर रोक भी लगा सकता है। यदि साफ और स्पष्ट शब्दों में कहें तो जो समाज राज्य का निर्माण करता है वह समाज राज्य की पूर्ण स्थिरता रखता है अर्थात राजनीतिक स्थिरता अर्थात कानूनों को एक स्तर पर बनाकर रखना। अर्थात व्यक्ति के जीवन की स्वतंत्रता, अधिकार, न्याय, प्रशासन जीवन, दण्ड आदि का व्यवस्थित करता है अर्थात स्थिर रखता है। इस प्रकार राजनीतिक शक्ति का कार्य राज्य की स्थिरता है और मजहबी स्वतंत्रता वहीं तक है जहां तक राज्य की स्थिरता, सुरक्षा, कानून व्यवस्था को खतरा नहीं है।

दूसरा सेक्युलर राज्य मजहब के आधार पर किसी को विशेष सुविधाएं नहीं देता। जब सेक्युलर राज्य में मजहब के आधार पर भेदभाव होता ही नहीं तो किसी मजहब को विशेष छूटे या विशेषाधिकार नहीं दे सकता है। सेक्युलर राज्य में मजहब के आधार पर ऐसे अधिकार नहीं दिए जा सकते हैं जो व्यक्ति से व्यक्ति की समानता के विरूद्ध हो।

सेक्युलर राज्य मजहब से ऊपर उठकर सभी को एक कानून व्यवस्था में ढाल सकता है। कोई व्यक्ति केवल इसी आधार पर कानून मानने से मना नहीं कर सकता है कि वह विशेष समुदाय का है। सेक्युलर राज्य मजहब से इतना ऊपर होता है वह मजहब में सुधार तक कर सकता। सेक्युलर राज्य समाज में सुधार भी कर सकता है। सामाजिक सुधारों का इसी कारण विरोध नहीं किया जा सकता है वे किसी विशेष मत का समाज है। सेक्युलर राज्य में किसी मत को मानने की स्वतंत्रता व आर्थिक विकास के समान अवसर देता है।

परंतु किसी मजहब को राजनीतिक सत्ता का हिस्सा न बनाना सेक्युलर राज्य के विरूद्ध नहीं है। क्योंकि किसी समाज में यह तो संभावना हो सकती है कि व्यक्ति किसी भी मत विचार का मान सकता है किसी भी तरह अपने अराधय की उपासना कर सकता है और वह संगठित होकर समूह भी बना सकता है प्रथम तौर पर यह व्यक्तिगत है और दूसरा मजहबी संगठन सिर्फ मजहबी गतिविधियां करता है। परंतु यह ना तो जरूरी है उस अल्पसंख्यक मजहबी संगठन को राजनीतिक सत्ता का हिस्सा बनाया जा सके और न ही यह संभव है कि उस मजहबी समूह के साथ मिल कर राजनीतिक संगठन बनाया जा सके क्योंकि किसी राज्य में राजनीतिक संगठन बनाने के लिए उस समाज का हिस्सा होना जरूरी है क्योंकि लोकतंत्र के कारण या संख्या के अनुपात के कारण

वह राजनीतिक संसद में तो पहुंच जाएगा परंतु वह राजनीतिक संगठन के साथ कानून निर्माण में संगठित नहीं हो पाएगा क्योंकि वह जिस समूह से आया है वह केवल एक मजहबी समूह नहीं है बल्कि एक जीवन की पूर्णता का निर्माण भी करता है। इस प्रकार यदि किसी मजहबी समूह को राजनीतिक संसद का हिस्सा न बनाएं तो यह लोकतंत्र के विरूद्ध नहीं होगा। परंतु राज्य की अन्य सेवा जैसे प्रशासन में सेवा ली जा सकती है इसके लिए उसकी निष्ठा प्रथम व योग्यता बाद में देखी जाती है। और राज्य से जुड़ा ऐसा कार्य नहीं देना चाहिए जहां अलग मानसिकता राज्य की सुरक्षा व स्थिरता में खतरा बन सके। इस प्रकार राजनीतिक अल्पसंख्यकों की राजनीतिक सत्ता के प्रति निष्ठा ही देशभक्ति है।

इस प्रकार भारत के मुसलमानों का भी यह कर्तव्य बनता है कि वे हिन्दू को राजनीतिक सत्ता के रूप में स्वीकार करें। क्योंकि हिन्दू सिर्फ एक धार्मिक बहुसंख्यक नहीं है बल्कि यह राजनीतिक बहुसंख्यक है जिस कारण यह राजनीतिक शक्ति का भी निर्माण करता है। लोकतंत्र की दृष्टि से भी हिन्दू बहुसंख्य है। इसलिए मुसलमान हिन्दुओं को धार्मिक बहुसंख्य के रूप में न देखकर एक राजनीतिक सत्ता के तौर पर देखें। क्योंकि हिन्दुओं के धार्मिक होने से किसी के मजहब पर कोई असर नहीं पड़ता। हिन्दुओं को एक कानून व्यवस्था के रूप में देखें। हिन्दू भारत में कानून निर्माता है वह न्याय स्वतंत्रता को अधिकारों का सृजनकर्ता है अपराध व दण्ड को परिभाषित करता है। जीवन की रक्षा करता है। वह राजनीतिक शक्ति का निर्माणकर्ता है। वह राजनीतिक शक्ति मजहब से उपर है। जैसे पहले भी बताया गया है कि मुसलमान मजहबी अल्पसंख्य नहीं है जब हिन्दू किसी से मजहब के आधार पर भेदभाव करते ही नहीं तो हिन्दू कैसे धार्मिक बहुसंख्यक हुए और कोई कैसे मजहबी अल्पसंख्य हुए। परंतु मुसलमान राजनीतिक अलपसंख्यक है। इस कारण मुसलमानों की हिन्दुओं के प्रति निष्ठा ही मुसलमानों की राज्य के प्रति निष्ठा है। क्योंकि मुसलमान दावा करते हैं कि उनके बाप-दादा से इस्लामी शासन को ठुकराकर सेक्युलर राज्य को चुना है इसलिए मुसलमान, इस्लाम के नाम पर ऐसे अधिकार नहीं मांग सकते जो व्यक्ति से व्यक्ति की समानता के विरूद्ध हों। इसलिए मजहब को अपने निजी जीवन तक रखना चाहिए और भारत में इस्लाम को एक राजनीतिक शक्ति के रूप में प्रयोग नहीं कर सकते।

इसलिए यह हिन्दुओं का धर्म है कि हम हिन्दू के रूप में संगठित होकर भारत में एक मजबूत सत्ता का निर्माण करें। प्रथम रूप में तो हिन्दुओं का कर्तव्य है कि हम हिन्दू समाज अर्थात सनातन समाज का प्रसार सारे संसार में करें। क्योंकि समाज जीवन का एक स्तर होता है। समाज मनुष्य को एक स्तर पर रहने को प्रेरित करता है। क्योंकि मनुष्य का जीवन कितना उच्च मर्यादित, सुंदर, सुखी हो सकता है यह एक समाज तय करता है। लेकिन किसी भी व्यक्ति को समाज का हिस्सा बलपूर्वक नहीं बना सकते है यह सेक्युलर राज्य के विरूद्ध होगा और यह हिन्दू धर्म के भी विरूद्ध होगा। इसलिए हिन्दुओं को भारत राज्य में अपने को राजनीतिक शक्ति के रूप में स्थापित करके राजनीतिक सत्ता बनानी होगी। सेक्युलर राज्य के लिए एक शर्त यह भी है कि राजनीतिक तुष्टिकरण नहीं होना चाहिए। क्योंकि राजनीतिक तुष्टिकरण प्रशासनिक तुष्टिकरण तक पहुंच जाता है और

प्रशासनिक तुष्टिकरण व्यक्ति के निजी जीवन तक को प्रभावित करता है अपराध, न्याय, दण्ड के स्तर पर भी जीवन की उच्च पहचान प्रभावित करने लगती है। इसलिए व्यक्ति की स्वतंत्रता, अधिकारों, समानता, सीमाओं का पूरी तरह स्पष्ट होना जरूरी है। इसलिए मैं एक बार फिर कह रहा हूं कि हिन्दुओं का धर्म है कि वे अपने बहुमत होने की भूमिका निभाएं। राज्य में व्यक्ति के अधिकार स्वतंत्रता समानता न्याय क्या होगा यह आपको तय करना है। क्योंकि आपका समाज स्वाभाविक रूप में सेक्युलर है जिस कारण आप मजहब से उपर उठकर अधिकारों व स्वतंत्रता को एक स्तर तक सुरक्षित कर सकते हैं और मुसलमानों की स्वतंत्रता को भी उस खतरे से बचा सकते हैं जिस भय के कारण से पाकिस्तान को स्वीकार नहीं किया। इस राज्य में आप ही अंतिम सत्ता है क्योंकि आप बहुमत का निर्माण करते हैं।

यदि कोई राज्य की कानून व्यवस्था को न माने तो राजनीतिक सत्ता दण्ड दे सकती है। राजनीतिक कानून को स्वीकार न करना। राजनीतिक सत्ता अंतिम व प्रथम रूप में राजनीतिक शक्ति है वह आंतरिक व बाहरी युद्ध में भी जा सकती है। इसलिए हिन्दुओं का राज्य के प्रति सबसे बड़ा धर्म राजनीतिक सत्ता का निर्माण करना है किसी भी स्थिति में हिन्दू इस उत्तरदायित्व से भाग नहीं सकते इसके अलावा आप के पास कोई विकल्प नहीं है और भारत के मुसलमानों के पास हिन्दुओं की राजनीतिक सत्ता को स्वीकार करने के अलावा कोई विकल्प नहीं है। एक राजनीतिक शक्ति राजनीतिक अस्थिरता व कानून अव्यवस्था की संभावना को पूरी तरह से समाप्त कर देती है क्योंकि राजनीतिक शक्ति संगठित होकर संसद में ही नहीं बैठती राजनीतिक शक्ति युद्ध के मैदान में भी जा सकती है।

जैसा पहले भी बताया गया है कि जीवन का हर रूप किसी न किसी व्यवस्था में बंधा है उस व्यवस्था का खतरा जीवन का खतरा है मनुष्य भी अनेक व्यवस्थाओं में बंधा है। कोई मनुष्यों का समूह भी अनेक व्यवस्थाओं में बंधा है। कोई आर्थिक व राजनीतिक व्यवस्था में बंधा है कोई मजहबों में बंधा है। आपका जीवन धर्म में बंधा है धर्म भी जीवन की एक व्यवस्था है। धर्म जीवन को व्यवस्थित ढंग से जीने के लिए प्रेरित करता है। धर्म न्याय, स्वतंत्रता अधिकारों को एक स्तर पर रखता है। धर्म आपको करने योग्य व न करने योग्य नैतिक-अनैतिक में भेद करता है। धर्म आपके जीवन को एक सतर पर रखता है और उस स्तर पर समाज मनुष्यों को कर्म करने के लिए तैयार करता है जब मनुष्य जीवन को उस स्तर पर नहीं रख पाते जिस स्तर पर समाज उनसे आशा करता है तो धर्म का नाश होता है धर्म के नाश से जीवन का नाश होता है धर्म जीवन की उच्चता है। धर्म जीवन को एक स्तर पर पहुंचाकर स्वतंत्रता, अधिकारों, न्याय, समानता और मानव गरिमा की रक्षा करता है। धर्म की स्थापना ही राजनीतिक स्थिरता की स्थापना है और राजनीतिक स्थिरता ही धर्म की रक्षा करेगी। राजनीतिक स्थिरता की स्थापना ही धर्म की स्थापना है।

पूर्णता ही पूर्ण है सब कुछ पूर्णता में घटता है कुछ भी पूर्णता से बाहर नहीं है। पूर्ण इतना पूर्ण है कि उसके पूर्ण न होने का प्रश्न ही नहीं है क्योंकि प्रश्न भी पूर्णता का हिस्सा है या पूर्णता में उत्पन्न हुआ है। पूर्णता के लिए कोई बंधन नहीं है बंधन सीमाओं में उत्पन्न होते हैं। पूर्णता बंधनों

से व जीवन से भी परे है। प्रकृति व जीवन के बंधन पूर्णता में ही पैदा होते हैं पूर्णता के बिना प्रकृति व जीवन पैदा नहीं हो सकते हैं इसलिए जीवन का होना भी पूर्णता की ही पहचान है। जीवन का कोई भी बंधन पूर्णता से अलग नहीं कर सकता। इसलिए जीवन को जीवन की सीमाओं में जीना पूर्णता से अलग नहीं कर सकता क्योंकि जीवन की सीमाएं पूर्णता में ही उत्पन्न हुई हैं इसलिए शरीर के बंधनों में बंधकर भी पूर्णता में हुआ जा सकता है। पूर्णता प्रकृति व जीवन में भी है और प्रकृति व जीवन से परे भी है। आप पूर्णता में इस तरह व्यापत हैं कि आप ही पूर्ण हैं। आप पूर्णता में इस तरह हैं कि ना तो कोई बंधन है जो आपको पूर्णता से अलग करता हो ना कुछ जानने को रहता है। बंधन आपके शरीर की सीमा है और जानना भी आपके शरीर की सीमा है। इस प्रकार ब्रह्मांड में घटने वाली प्रत्येक घटना पूर्णता में ही घटती है। पूर्णता में होना ही पूर्ण है चाहे जीवन की सीमा कुछ भी हो। पूर्णता अपने आप में इतनी पूर्ण है कि जीवन का होना या ना होना पूर्णता पर बंधन नहीं है। इसलिए जन्म होना या मृत्यु होना पूर्णता में घटता है। यह माना गया है कि पूर्णता में न होना शरीर के बंधनों के कारण है इसलिए यह समझा गया है कि शरीर के बंधनों से मुक्त होना ही पूर्ण में होना है। शरीर से जुड़े भाव, विचार, मन, बुद्धि, इन्द्रियों के सुख-दुख के भाव से परे होना पूर्णता या आत्मा या ब्रह्म है। जब पूर्णता (आत्मा) जीवन से परे है प्रकृति के भावों से परे है तो उस पूर्णता (आत्मा) में कैसे रहें। जब पूर्णता या आत्मा जीवन प्रकृति से परे है तो शरीर, मन, बुद्धि, इन्द्रियों, ज्ञान, धर्म का क्या महत्व है। परंतु प्रकृति, शरीर, मन, बुद्धि, ज्ञान, धर्म पूर्णता में ही उत्पन्न हुआ है पूर्णता से ही बंधा है, पूर्णता में ही परिवर्तन होगा और पूर्णता में ही विनाश होगा। इसलिए जन्म व मृत्यु पूर्णता में ही घट रही है, जन्म के साथ मृत्यु व मृत्यु के साथ जन्म जुड़ा है इसलिए जन्म व मृत्यु प्रकृति की एक स्वाभाविक प्रक्रिया है। आपके जन्म व मृत्यु के कारण प्रकृति में ही घटते हैं। आपके शरीर में ही नए जीवन के बीज भी छिपे होते हैं व मृत्यु के भी। आपका जन्म न मृत्यु किसी के लिए जन्म या मृत्यु हो सकता है परंतु प्रकृति के लिए एक विकास है परिवर्तन है स्वाभाविक प्रक्रिया है। जब पूर्णता को जीवन से परे कर देते हैं तो जीवन व पूर्णता में कोई संबंध नहीं रह जाता है परंतु जीवन व पूर्णता में गहरा संबंध है क्योंकि जीवन पूर्णता में ही विकसित होता है। इसलिए जीवन में भी पूर्णता गहराई से व्यापत है इसलिए जीवन के बंधन के साथ पूर्णता में गहरे से होना जीवन को भी जीवन में गहरे से बांधता है अर्थात जो जीवन पूर्णता में गहरे से जुड़ा है वह जीवन में भी गहरे अर्थों में जुड़ा है। इसलिए पूर्णता में होते हुए भी शरीर में होना या शरीर में होते हुए भी पूर्णता में होना पूर्णता में होना ही है। हम गहरे अर्थों में शरीर में होते हुए भी पूर्णता में इतने गहरे होते हैं कि पूर्ण ही होते हैं।

वास्तव में हम जीवन से जुड़े हैं। हम जीवन को ही व्यतित कर रहे होते हैं इसलिए किसी भी अर्थ में जीवन के प्रति गंभीर व सहज होना भी पूर्णता से अलग नहीं है। इसलिए हमें पूर्णता में होने के लिए जीवन से भागने की जरूरत नहीं है। जीवन जीवन के प्रति ही उत्तरदायी होना चाहिए। जीवन की गंभीरता व सहजता से जुड़ना ही धर्म है। जीवन के प्रति उत्तरदायी होना ही धर्म है। आप जीवन को जीवन के स्तर पर ही समझ सकते हैं। आप जीवन शरीर में बंध गए हैं तो आपको जीवन के प्रति उत्तरदायी होना ही पूर्णता में होना है।

जीवन शरीर में रहता है तो शरीर के बंधनों को धर्म अर्थात एक व्यवस्था के स्तर पर रखना जीवन की पूर्णता है। जीवन के प्रति गंभीरता व सहजता ही आपकी मुक्ति के द्वार खोलेगी। इसलिए जीवन के प्रति उत्तरदायित्व निभाना धर्म है।

जीवन की पूर्णता - जीवन का अनुभव ही जीवन है। जीवन हमें सीमाओं, कर्मों, गुणों व धर्म के बंधन में बांधता है। जीवन हमें एक स्तर पर पहुंचाता है। जीवन व्यापकता व संकुचितता के बंधनों में बांधता है। जीवन दूसरे जीवन के प्रति कर्तव्यों में बांधता है। जीवन संपत्ति, गुणों, मूल्यों में बांधता है, जीवन एक व्यवस्था में बांधता है, जीवन से जुड़ी स्थिरता व अस्थिरता भी जीवन का हिस्सा है। आपका प्रेम, क्रोध, अहिंसा, हिंसा भी जीवन के प्रति उत्तरदायी है। इसलिए जीवन में जागृत होना ही पूर्णता (आत्मा) में जागृत होना है। आपके जीवन में होना ही स्वतंत्रता है। आप सहयोग भी व संघर्ष भी जीवन के लिए ही करते हैं। जब आप प्रेम, क्रोध, हिंसा करते हैं तो वह आपके जीवन का हिस्सा हो जाता है। अर्थात जीवन के प्रति उत्तरदायी है। जब आप किसी जीवन को नष्ट करते हैं तो अपने जीवन की किस आवश्यकता को पूरा करने के लिए कर रहे हैं इसके लिए आप जीवन के प्रति उत्तरदायी हैं क्योंकि कोई भी प्रश्न आंतरिक होता है और उसका उत्तर भी आंतरिक संतुष्टि है। इसलिए आप जितनी सहजता से प्रेम को स्वीकार करते हैं उतनी ही सहजता से आपको अपने क्रोध के प्रति भी उत्तरदायी होना चाहिए क्योंकि यह भी आपके शरीर से उत्पन्न हुआ है। जितनी सहजता से आप शांति को स्वीकार करते हैं उतनी ही सहजता से आवश्यकता पड़ने पर युद्ध को भी स्वीकार करना चाहिए। युद्ध की भी अपनी पवित्रता होती है क्योंकि युद्ध भी जीवन के प्रति उत्तरदायी होता है। जीवन से भागने में भी आप जीवन के प्रति उत्तरदायी हैं क्योंकि आपका भागना जीवन से ही है। मनुष्यता की पूर्णता मनुष्य होने में है चाहे वह किसी भी व्यवस्था में बंधा है। मनुष्य को मनुष्य के रूप में देखना और मनुष्यता के प्रति उत्तरदायी होना ही मनुष्यता की पहचान, पूर्णता व धर्म है।

***

www.ingramcontent.com/pod-product-compliance
Lightning Source LLC
Chambersburg PA
CBHW031411250726
48656CB00002B/627